Heide Geiss

Glücksorte in Mailand

Fahr hin & werd glücklich

Dieses

Glücksbuch

ist für

Liebe Glücksuchende,

Mailand, bekannt für Mode, Kultur, Kunst und berühmte Sehenswürdigkeiten wie den Dom, ist eine der abwechslungsreichsten und erlebenswertesten Städte Italiens. Aber die pulsierende Metropole kann noch viel mehr bieten: Sie verzaubert gekonnt mit einer einzigartigen Mischung beeindruckender moderner Architektur, prunkvollen historischen Bauwerken und täglich lustvoll gelebter *dolce vita.* Meine sorgfältig ausgewählten Glücksorte bringen Sie zu wundervollen Plätzen, die typisch für die pulsierende Metropole sind und die ihren unverwechselbaren Charakter bestens widerspiegeln. Lernen Sie echtes Mailänder Leben kennen und begleiten Sie mich durch diese aufregende Stadt. Ich wünsche Ihnen unvergesslich schöne Erlebnisse in dieser bemerkenswerten Metropole, die sich immer wieder neu erfindet und deshalb für uns so spannend ist und bleibt. *Buon divertimento e cari saluti* (Viel Spaß und beste Grüße)!

Ihre Heide Geiss

GLÜCK

Deine Glücksorte ...

... noch mehr Glück für dich

Die Zukunft trägt Grün

1 Bosco Verticale im Stadtteil Porta Nuova

Man muss kein Architekt sein, um auf Anhieb zu verstehen, dass hier, mitten im stark verdichteten Mailand, etwas wirklich Grandioses, Zukunftweisendes und Vorbildhaftes entstanden ist: ein dichtbewachsener Wald als perfekter Wohnraum mitten im Grünen. Das allein stellt in der Millionenmetropole bereits eine Rarität dar. Aber die beiden beeindruckenden Hochhäuser, von denen hier die Rede ist, können noch viel mehr! Bosco Verticale (Vertikaler Wald) heißen die von dem genialen Architekten Stefano Boeri entworfenen modernen spektakulären Wohntürme. Ein mutiges Projekt, um sowohl einen Beitrag gegen die fatalen Auswirkungen des Klimawandels zu leisten als auch den Bewohnerinnen und Bewohnern hervorragende glücklich machende Lebensqualität im Einklang mit der Natur zu bieten. All dies ist hier perfekt gelungen. Der Schöpfer dieses utopisch anmutenden Kunstwerkes mit ansprechender Architektur und abwechslungsreicher Botanik lebt und arbeitet selbst in einem der Hochhäuser. In enger Kooperation mit der renommierten Botanikerin Laura Gatti wurden auf den 400 Wohnungsterrassen rund 800 Bäume, 4500 Sträucher und über 15.000 andere Grüngewächse gepflanzt. Eine Mammutaufgabe, auch weil es sich als schwierig erwies, geeignete Pflanzen für dieses Projekt, das 2014 mit dem Internationalen Hochhauspreis gekürt wurde, zu finden. Bei Höhen von jeweils 75 und 110 Metern musste die Flora beispielsweise windfest und platzsparend sein. Entstanden ist ein genialer vertikaler Park, ein optisches Highlight, dessen Anblick einfach nur glücklich macht.

Die grüne Fassade kann auch in Sachen Nachhaltigkeit bestens punkten: U. a. setzen die kleinen Biotope pro Jahr rund 19 Tonnen Sauerstoff frei und verbessern nachweislich das Klima in den dazugehörigen Wohnungen. Auch die beruhigende Vorstellung, dass Städte künftig mit solch vorbildlichen Projekten selbst zur Problemlösung beitragen könnten, macht glücklich, stimmt zuversichtlich und gibt Hoffnung auf eine grüne Zukunft!

TIPP

Das Ristorante Bosco Verticale (Via Federico Confalonieri 15) überzeugt mit solider italienischer Küche.

● Bosco Verticale, Via Gaetano de Castillia 11, 20124 Mailand
● ÖPNV: Metro M3, Haltestelle Comasina

Grazie, Maestro

2 Casa di Risposo per Musicisti nahe der Altstadt

Im Oktober 1813 erblickte in der Gemeinde Busseto ein absolutes musikalisches Genie das Licht der Welt: Giuseppe Fortunino Francesco Verdi, zweifellos der bedeutendste Opernkomponist des 19. Jahrhunderts. Der Maestro lebte von 1840 bis zu seinem Tod 1901 in Mailand, wo er stets mit der Mailänder Scala eng verbunden war. Hier fand u. a. 1839 die Uraufführung seiner ersten Oper „Oberto" und 1893 die seiner letzten („Falstaff") statt. Drei Wochen nach seinem Tod wurde Verdis Sarg in die mit schönen Mosaiken verzierte Krypta der Casa di Risposo (Seniorenheim) gebracht, die heute besichtigt werden kann. Über 300.000 Mailänderinnen und Mailänder begleiteten ihn auf seinem letzten Weg und sangen für ihren über alles geliebten Verdi gemeinsam und voller Inbrunst das Lied „Va, pensiero" (Flieg, Gedanke).

TIPP
Die überlebensgroße Statue auf der grünen Insel im Kreisel direkt vor der Casa di Risposo zeigt Verdi.

Die Casa di Risposo, auch Casa Verdi genannt, ein Seniorenwohnheim für mittellose Musikerinnen und Musiker, war ein absoluter Herzenswunsch des großen Komponisten. Der von ihm erbaute Palazzo (1896–1899) ist für seine betagten Bewohnerinnen und Bewohner ein ganz wundervoller Glücksort, der bis heute aus den Urheberrechten aller Verdi-Opern finanziert wird. Etwa 60 Künstler (u. a. Dirigenten, Komponistinnen, Sänger und Musikerinnen) genießen hier würdevoll ihren letzten Lebensabschnitt. Musik gehört nach wie vor zum Leben der „Gäste", wie die Bewohner hier genannt werden, und macht sie nach wie vor glücklich. Dieses tief empfundene Glück teilen sie gerne mit interessierten Besuchern und laden – meist einmal pro Woche – zu konzertanten Aufführungen ein. Es berührt sehr, erleben zu dürfen, mit welcher Inbrunst die Kunstschaffenden ihr Bestes geben. Gefragt nach seinem Lieblingswerk antwortete Verdi: „Unter meinen Werken, das mir am besten gefällt, ist das Haus, das ich in Mailand errichtet habe, zur Aufnahme alter, nicht vom Glück begünstigter Sänger … Arme liebe Begleiter meines Lebens … Das Haus ist wirklich meine schönste Arbeit!" *Grazie mille,* Giuseppe, für das großzügige, soziale Engagement, das viele Bedürftige glücklich macht!

● Casa di Risposo, Piazza Michelangelo Buonarroti 29, 20145 Mailand, Tel. +39 (2) 4 99 60 09, www.casaverdi.org
● ÖPNV: Metro M1, Haltestelle Buonarroti

VERDI

Gelungene Integration

3 Chinatown in der nordwestlichen Altstadt

Lust auf einen spannenden, unterhaltsamen Ausflug in eine andere Welt? Dann ist der Besuch des chinesischen Viertels in der Nähe des Cimitero Monumentale (Monumentaler Friedhof) genau das Richtige. Anfang des 20. Jahrhunderts wurden hier die ersten chinesischen Einwanderer sesshaft und erwarben sich u. a. mit der Seidenproduktion einen exzellenten Ruf. Peu à peu entstand eine kleine Stadt in der großen Metropole. Heute arbeiten hier rund 25.000 Chinesinnen und Chinesen in unterschiedlichsten Bereichen. Wegen der zahlreichen Glücksmomente, die es hier zu erleben und zu genießen gibt, sollte man sich für den Bummel durch das multikulturelle Viertel etwas Zeit gönnen. Zentrum der ältesten und größten chinesischen Gemeinde Italiens bildet die breite Via Paolo Sarpi, eine verkehrsberuhigte Flaniermeile mit kleinen Einzelhandelsgeschäften. Hier reihen sich Metzgereien, Obst- und Gemüseläden aneinander, die überwiegend regionale Produkte anbieten. Ein Besuch mit Glücksgarantie bietet die Cantine Isola. Hier wird noch pures Mailänder Lebensgefühl zelebriert. Diese kleine Kneipe ist im Viertel beliebter Treffpunkt nach getaner Arbeit. Man plaudert mit Freunden, tauscht Neuigkeiten aus und genießt dazu – wir sind in Mailand – einen Aperitif, eine schöne Tradition, die untrennbar mit der Stadt verknüpft ist und täglich leidenschaftlich zelebriert wird.

TIPP

Die Milanesi kaufen im Chinatown gerne günstige Elektroartikel ein.

Wer den kleinen Hunger zwischendurch stillen möchte, hat im chinesischen Viertel wieder Glück! Das Angebot an kleinen, landestypischen Imbissen ist riesig. Seit vielen Jahren bei Einheimischen beliebt ist die Ravioleria Sarpi. Stammgäste schwören hier auf Italiens beste Teigtaschen (Dumplings). Diese mit unterschiedlichen Köstlichkeiten gefüllte Spezialität wird direkt vor den Augen der Gäste frisch zubereitet. Derart lecker gestärkt bietet es sich an, langsam durch die Gässchen und kleinen Straßen zu bummeln und ebenso neugierig wie genussvoll in die für manchen fremde Welt einzutauchen. Pures Glück für alle Sinne!

● Chinatown nahe dem Centro Storico, zwischen Via Paolo Scarpi, Via Canonica und Via Bramante, 20154 Mailand

● ÖPNV: Tram 1, Haltestelle Arco della Pace

際士都
唐
ANG FOOD
MARKET
客似云来生意旺
货如轮转财源广
DURIAN

Es grünt so grün

4 Orto botanico di Brera im Stadtteil Brera

Kaum zu glauben! Mitten im quirlig-lauten hektischen Zentrum Mailands befindet sich eine wundervolle Idylle, die einen Besuch lohnt. Die bezaubernde grüne Oase liegt versteckt auf dem Areal des wunderschönen Palazzo di Brera im Stadtteil Brera. In dem alten Gebäude logieren eine *biblioteca*, ein Museum für moderne und antike Kunst, die Kunstakademie und das Osservatorio Astronomico (Sternwarte). Obwohl das historische Design- und Kunstviertel Brera wegen seiner ausgefallenen Boutiquen, verwinkelten Gässchen, schönen Cafés sowie Restaurants, Ateliers und historischen bunten Häuserfassaden mit begrünten Balkonen absoluter Besuchsmagnet ist, verirren sich in den über 5000 Quadratmeter großen Botanischen Garten der Universität Mailand nur wenige. Diese wohltuende Oase der Ruhe wurde 1774 zusammen mit der Sternwarte im Auftrag von Kaiserin Maria Theresia von Österreich angelegt. Zuvor befand sich hier auch ein Gemüsegarten der ansässigen Jesuitenpater und war ein Ort der Meditation.

Letzteres ist der Botanische Garten auch heute noch, dessen Struktur aus dem 18. Jahrhundert bis heute erhalten werden konnte und zur großen Freude Erholungssuchender seit 1998 für alle geöffnet ist. Die Luft in dem leicht verwildert anmutenden Kleinod duftet herrlich aromatisch nach bekannteren und unbekannten Gewürzpflanzen, die in den dazugehörigen Beeten um die Aufmerksamkeit der wenigen Besucher buhlen. Von den historischen Bänken aus genießt man das unterhaltsame Vogelgezwitscher, beobachtet die zierlichen, hübschen Libellen, wie sie auf den Seerosenblättern in dem kleinen Teich aus dem 18. Jahrhundert eine gemütliche Rast einlegen, oder lauscht den Erzählungen raschelnder Blätter der beiden monumentalen, fast 300 Jahre alten Ginko-Bäume – ein irdisches Erlebnisparadies. An diesem Ort bleibt die hektische Welt draußen und die Zeit steht kurz still, um dem Hier und Jetzt großzügig den Vortritt zu lassen. Hier zählt nur der Moment, und der macht gerade einfach sehr glücklich!

TIPP

Die Robertaebasta Art Gallery (Via Fiori Chiari 2) bietet hauptsächlich Kunst aus dem 20. Jahrhundert an.

● Orto Botanico di Brera, Via Brera 28, 20121 Mailand, www.ortobotanicoitalia.it
● ÖPNV: Metro M1, Haltestelle Montenapoleone

Mit dem Drahtesel querbeet

5

Fahrradverleih bikeMi

In Mailand leben rund 1,4 Millionen Menschen. Deshalb verwundert es nicht, wenn auf der ca. 182 Quadratkilometer großen Stadtfläche täglich unzählige PKW unterwegs sind. Daher erscheint der Vorschlag, Mailand von einem Drahtesel aus zu entdecken, etwas ungewöhnlich, ist es aber keinesfalls. Denn die Hauptstadt der Lombardei misst von der einen Seite zur anderen nur rund 15 Kilometer und liegt in einer weitgehend flachen Ebene. Immer mehr *Milanées* entdecken, dass Radfahren glücklich macht und die tägliche nervenaufreibende Parkplatzsuche praktischerweise auch entfällt. Die Stadt hat diesen Trend 2020 in ihrem neuen, ehrgeizigen Verkehrskonzept Strade Aperte (Offene Straßen) aufgenommen: Dabei wurden und werden rund 35 Kilometer Straßen zu teilweise temporären Fahrradwegen umgewandelt und die Höchstgeschwindigkeit für PKW wurde an vielen Stellen auf 30 Kilometer pro Stunde beschränkt.

Wer entspanntes Radeln mit spannendem Sightseeing verbinden möchte, kann sich an diversen Standplätzen kostengünstig ein Fahrrad ausleihen, z. B. über bikeMi (weiß-gelbe Räder). Und schon kann's losgehen! Was für ein herrliches Gefühl, im eigenen Rhythmus nach persönlichem Gusto über den Asphalt zu rollen. Vorbei an prächtigen Sehenswürdigkeiten und gepflegten Parkanlagen. Zur Rechten entdeckt man ein nettes Straßencafé. Mal schnell anhalten und einen *caffè* genießen, ehe man sich erneut leichten Fahrtwind um die Nase wehen lässt. Rechts lockt eine Straße mit schönen Geschäften – also einfach abbiegen und entdecken. Oder doch lieber geradeaus zum Park radeln, um dort eine erholsame Pause einzulegen? Vielleicht anschließend in der kleinen Trattoria auf der linken Straßenseite ein *risotto alla milanese* genießen? Einheimische *cicliste* (Radfahrer), die man beim Warten an einer roten Ampel kennengelernt hatte, gaben diesen Tipp. Was für ein Glück, dass man diese langsame, genussvolle Art des Sightseeings gewählt hat! Andernfalls wäre einem viel entgangen, z. B. echtes Mailänder Lebensgefühl.

TIPP

Der erlebenswerte, rund 30 Kilometer lange Radweg Naviglio della Martesana führt von Mailand nach Cassano d'Adda.

● Fahrradverleih bikeMi, z. B. Via Pavia 9, 20121 Mailand

Il tuo
impegno
paga.
bikeMi
bikeMi
bikeMi
bikeMi
Comune di
Milano
Comune di
Milano
20280

Qualität aus Tradition

6 Macelleria Sirtori im Sarpi-Viertel

Wer seit 1951 seine anspruchsvolle Klientel mit ausgezeichneter, qualitativ hochwertiger Ware glücklich macht, muss offensichtlich viel richtig machen. Die familiengeführte Metzgerei Macelleria Sirtori ist ein solches Geschäft, das bis heute zu den besten seines Fachs in der Stadt zählt. Wobei die Bezeichnung Metzgerei dem Ganzen nicht gerecht wird. Vielmehr ist das lukullische Paradies ein gut sortiertes Feinkostgeschäft, das auch Obst und Gemüse in Bioqualität anbietet. An der nüchtern wirkenden Inneneinrichtung hat sich bis heute so gut wie nichts geändert. Hinter den blank geputzten Glasscheiben der weißen, hell erleuchteten Verkaufstheke präsentieren sich auf schlichten, weißen Tellern stolz erlesene Fleischwaren, zum Teil mit beeindruckend schöner Marmorierung. Dadurch kommen die Protagonisten zu voller Geltung. Das meiste Fleisch stammt hauptsächlich von kleineren Biohöfen beispielsweise aus der Po-Ebene, die schon den Vater beliefert hatten. „From nose to tail" (von der Nase bis zum Schwanz) lautet das Verkaufsmotto, weshalb man hier auch Kutteln und andere Innereien findet. Auch wer etwas ganz Spezielles sucht, wird hier fündig. So werden u. a. *cotechino* (Wurst aus Schweinefleisch), *cervelat* (Mailänder Wurstsorte) oder Tartar vom Fassonarind aus dem Piemont angeboten. Die Hühner, Fasane, Perlhühner und Truthähne stammen von einem landwirtschaftlichen Biobetrieb nahe Asti.

TIPP

Die imposante Porta Volta von 1880 auf der nahen Piazzale Antonio Baiammonti ist eins der fünf Stadttore.

Bei der Auswahl an italienischen Käsesorten hat das rührige Familienunternehmen natürlich auch an Vegetarier gedacht. Fast schon Kultstatus genießen die selbst gefertigten *agnolini* (lombardische Pastaspezialität) mit Spinatfüllung. Silvia, die Frau des Inhabers, macht ihre Kundschaft – wenn gewünscht – zusätzlich noch mit leckeren Familienrezepten und ebenfalls selbst zubereiteten Gerichten zum Mitnehmen glücklich. Neben der hervorragenden Qualität sorgt der spürbare Respekt vor den Tieren für Zufriedenheit und Glück bei den Kunden. Ein Fachgeschäft, so wie es früher viele gab und in dem der Kunde noch König ist!

● Macelleria Sirtori, Via Paolo Sarpi 27, 20154 Mailand, Tel. +39 (2) 34 24 82
● ÖPNV: Metro M5, Haltestelle Gerusalemme

鑫旺鲜肉店
Macelleria
Ingresso permesso
ad un massimo
di______persone
per volta.
CITY-TIME
LUNCH

Unterhaltsame Coolness

7

Bar und Pub Z. O. G. am Naviglio Grande

Von den zahlreichen künstlichen Wasserstraßen *navigli,* die einst Mailand – ähnlich wie in Venedig oder Amsterdam – durchzogen, sind nur noch zwei Hauptkanäle übergeblieben: der Naviglio Pavese und der 1177 bis 1257 gebaute Naviglio Grande. Letzterer diente früher als wichtiger Transportweg, z. B. für die Marmorblöcke, aus denen der Dom erbaut wurde. Heute ist die Gegend um die verbliebenen Kanäle beliebtes Wohnviertel unterschiedlichster kreativer Richtungen. An den Ufern der Wasserstraßen wichen Handwerksbetriebe zahlreichen Bars, Restaurants, hippen Geschäften, schrillen Modeboutiquen und Cafés. Tagsüber treffen sich hier Einheimische auf ein Glas Wein oder einen *caffè* und Künstler debattieren über die letzte Vernissage in einer der zahlreichen Galerien im Viertel. Abends, wenn die historischen Häuserfronten an den Ufern in romantisches Licht getaucht sind, erwacht das Szeneviertel zum Leben.

TIPP

Club-Hoppern, die hier nur kurz vorbeischauen, seien der Kaffee und der Kräuterlikör empfohlen.

Einer dieser *places to be* und ein bei Einheimischen besonders beliebtes Lokal ist das bis weit nach Mitternacht geöffnete Z. O. G., das sich mit abgefahrenem Industrie-Design geschmackvoll und höchst individuell präsentiert. In den Sommermonaten sitzt man bei Kerzenschein unter riesigen Sonnenschirmen direkt am Kanal. Die Stimmung in und vor dem Lokal ist herrlich entspannt. Beim Blick auf den Kanal lassen sich besonders intensiv die Spiegelungen der Lichter ringsherum genießen, unwillkürlich wird man von der gemütlichen friedlichen Atmosphäre angesteckt. Weil sehen und gesehen werden natürlich auch zu einem gelungenen Abend gehören, wird das rege Treiben in der Nachbarschaft aufmerksam beobachtet. Schnell kommt man – wenn man möchte – mit Einheimischen ins Gespräch, stößt zusammen auf das Leben an und wünscht den neuen Freunden Gesundheit und alles Gute. Was für ein schöner, lebendiger Glücksort mit echtem, pulsierendem, italienischem Leben! Verbleibt nur noch, zum Abschied den ehrlich gemeinten Wunsch zu äußern: *A domani sera – con il massimo piacere!* (Bis morgen Abend – mit dem größten Vergnügen!)

- Z. O. G., Ripa di Porta Ticinese 37, 20143 Mailand, Tel. +39 (2) 36 52 62 51
- ÖPNV: Metro M2, Haltestelle Porta Genova

ZOG

Garant für gute Laune

8 „Ago, Filo e Nodo“ im Nordwesten der Stadt

Einst war der stark befahrene Piazzale Luigi Cadorna, einer der wichtigsten Knotenpunkte für den innerstädtischen Verkehr im Nordwesten der Stadt, ein eher verwahrloster, ziemlich unschöner Platz. Doch das sollte sich gottlob zwischen 1999 und 2000 ändern! Denn die berühmte italienische Architektin Gae Aulenti (1927–2012) wurde mit der Sanierung des an der Piazzale liegenden Bahnhofs Milano Cadorna beauftragt. Heute erstrahlt das Gebäude in rosa Granit, mit roten Säulen, grünen Verkleidungen und zahlreichen Glaselementen.

Absoluter Blickfang des Platzes ist jedoch ein farbenfrohes Kunstwerk, das wegen seiner kühnen Formen und starken Pop-Farben – wie von Zauberhand – auf die Gesichter der meisten Vorbeieilenden ein glückliches Lächeln zaubert. Die beiden Künstler der bemerkenswerten fröhlichen, im Februar 2020 eingeweihten Pop-Art-Skulptur aus Edelstahl und Kunststoff sind der 2022 verstorbene schwedische Bildhauer Claes Oldenburg und seine Frau, die 2009 verstorbene niederländische Bildhauerin Coosje van Bruggen. Sie schufen ein Symbol für die Modestadt Mailand, zugleich eine Hommage an eine der bedeutendsten Modestädte der Welt. Entstanden ist die Skulptur „Ago, Filo e Nodo“ (Nadel, Faden und Knoten). Auf der einen Seite des Platzes ragt aus einem Brunnen die 19 Meter hohe Stahlnadel mit dreifarbigen, rund 86 Meter langen Fäden heraus. Auf der anderen Platzseite taucht der Faden als Endknoten wieder auf. Dass der Faden zum Teil unterirdisch verläuft, ist kein Zufall, sondern weist auf die drei Metrolinien unter dem Platz hin. Auch die Fadenfarben rot, grün und gelb repräsentieren die Metrolinien. Die moderne Pop-Art-Ästhetik harmoniert hervorragend mit den alten Gebäuden an der Piazza, wodurch die witzige und farbenfrohe Skulptur zu einem echten Hingucker geworden ist. Diese Nadel mit Faden und Knoten ist ein Gute-Laune-Garant, dem man sich nicht entziehen kann und der auch an trübsinnigen Tagen wirkt. Einfach mal ausprobieren!

TIPP

Das Risoelatte (Via Camperio 6) mit 1950er-Charme-Ambiete bietet ausgezeichnetes Risotto an.

● Skulptur „Ago, Filo e Nodo“, Piazzale Luigi Cadorna, 20123 Mailand
● ÖPNV: Metro M2, Haltestelle Cadorna

Quietsch vor Glück

9 Milan Duck Store nahe dem Dom

Wer kennt sie nicht, die Herren Müller-Lüdenscheidt und Dr. Klöbner, beide mittleren Alters, die sich, in einer Hotelbadewanne gegenübersitzend, humoristische Wortgefechte vom Feinsten liefern. Dabei spielt die Quietscheente von Dr. Klöbner eine zentrale Rolle. Der bekannte Sketch des großen Meisters guten filigranen Humors Vicco von Bülow (1923–2011), Künstlername Loriot, verhalf dem gelben, quietschenden Plastiktier zu einer immensen Bekanntheit. Seitdem ist es begehrtes Sammlerobjekt für Jung und Alt.

Wer seine bereits bestehende Sammlung erweitern oder mit dem Gute-Laune-Hobby beginnen möchte, ein originelles Mitbringsel sucht oder einfach nur Spaß haben will, besucht den Milan Duck Store unweit des Doms. In dem kleinen Geschäft warten auf weißen Regalbrettern unzählige Quietscheentchen darauf, ihre neuen Besitzer glücklich machen zu dürfen. Die unterschiedlichen, kunterbunten Tiere zaubern ein fröhliches Lächeln auf jedes Gesicht. Insgesamt tummeln sich mehr als 350 verschiedene Modelle in den gut ausgeleuchteten Regalen. Da gibt es beispielsweise die Enten, die Berufe darstellen, wie z. B. Handwerker, Polizist, Schornsteinfeger, Pilot, Koch oder Arzt. In friedlicher Nachbarschaft stehen u. a. Clowns, Surfer, Schneemänner, Schwimmer, Engel, Druiden, Weihnachtsmänner, Pop-Musiker und gekrönte Häupter. Besonders beliebt bei Touristen sind natürlich die gelben Quietschtiere mit dem Aufdruck „I love Milano“ und dem Mailänder Dom, der wie ein Hut auf dem Kopf sitzt. Will man seiner oder seinem Liebsten sagen, dass man sie/ihn liebt, übernimmt das zuverlässig die Ente „Amor“ mit rotem Herzen oder die andere Variante, das Schwimmtier „I love you“ mit vielen roten Herzchen. Entenbraut oder Entenbräutigam sind wichtige Protagonisten bei einem originellen Heiratsantrag und dienen anschließend lebenslang als zuverlässige Glücksbringer für eine gute Ehe. Knallgelb und witzig – Glück kann wirklich ganz unterschiedliche Facetten zeigen.

TIPP

Das 2022 wieder eröffnete Teatro Lirico (Via Larga 14) lädt zu wundervollen Aufführungen ein!

- Milan Duck Store, Via Torino 77, 20123 Mailand, Tel. +39 (2) 99 25 30 32 www.milanduckstore.com
- ÖPNV: Metro M1, M3, Haltestelle Duomo

Grün ist nicht nur eine Farbe

10 Parco Sempione im Nordwesten der Altstadt

Der Parco Sempione nahe dem imposanten Castello Sforzesco wurde im Stil englischer Gärten konzipiert. Beeindruckende 386.000 Quadratmeter misst die bei Mailändern sehr beliebte grüne Oase, die größte der Stadt. Es gibt also ausreichend Platz für Ruhe- und Erholungssuchende und für jene, die hier Freizeitspaß genießen wollen. Der romantisch gelegene See ist wie ein kleiner Zoo, denn er bietet u. a. Heimat für Schildkröten mit ihrem wuseligen Nachwuchs und träge schwimmende Fische, die ab und zu zwischen herrlich blühenden Seerosen ihre offenen Mäuler begierig aus dem Wasser recken, um den ein oder anderen Brotbrocken zu erhaschen, der ins Wasser geworfen wird. Die verschiedenen hier brütenden Vogelarten sind nicht nur für Hobby-Ornithologen spannend. Herzerwärmend ist natürlich der Anblick der netten Entenfamilien mit ihrem ganz reizenden, flauschigen Nachwuchs. Glitzernde Bächlein durchziehen – gemächlich mäandernd – den gepflegten Park wie pulsierende Lebensadern.

TIPP
Im Parco Sempione findet man Cafés und Kioske, die leckere Köstlichkeiten für ein Picknick anbieten.

Besonders beliebt im Sommer sind die kostenlosen Open-Air-Konzerte und die Straßenkünstler, die mit ihren ganz unterschiedlichen Darbietungen das Publikum glücklich machen. Das Angebot reicht von Pantomime, Opernarien, Tanzkursen bis hin zu Portraitmalerei. Der Park mit seinen vielen Freizeitmöglichkeiten ist idealer Ort, um sich vom anstrengenden Großstadtdschungel zu erholen und für die weitere Stadtbesichtigung wieder Kraft zu sammeln. Die grüne Oase ist darüber hinaus wie geschaffen für ein unvergesslich schönes Picknick, wie das die Mailänder sehr gerne zelebrieren. Besonders romantisch ist solch ein Dinner der etwas anderen Art, wenn die Sonne hinter den uralten Bäumen orangerot untergeht und der Park in warmes, weiches Licht getaucht wird. Ist das noch real oder schon Zauberei? Das muss jeder für sich selbst entscheiden. In jedem Fall sind es unfassbar glückliche, leichte Momente, die das eigene Leben sehr bereichern und die lange in Erinnerung bleiben.

- Parco Sempione, Piazza Sempione, 20154 Mailand
- ÖPNV: Metro M1, Tram 2, Haltestelle Lanza

Per sempre – für immer

11 Alda-Merini-Brücke über den Naviglio Grande

Brücken verbinden Ufer miteinander, besitzen aber auch immense Symbolkraft, da sie für das Überschreiten von Grenzen und Hindernissen stehen. Sie sind Sinnbild für den Übergang zu etwas Neuem. Die Geländer bestimmter Brücken sind jedoch auch gern genutzte Plätze für Verliebte, die dort Liebesschlösser *(lucchetti dell'amore)* als Symbole ewiger Liebe anbringen. Wer in Mailand verliebt ist, besucht mit seinem Liebesschloss und großer Hoffnung die Alda-Merini-Brücke (Ponte Alda Merini), die sich mit elegantem Schwung über den Naviglio Grande spannt. Die 1531 aus Holz errichtete Verbindung wurde in den 1930er-Jahren durch eine Stahlbetonkonstruktion ersetzt. Seit dem 01.11.2019 ist sie nach der berühmten Mailänder Poetin und Romanautorin Alda Merini (1931–2009) benannt – eine Hommage an die „Grande Dame der Poesie". Die Künstlerin wohnte direkt in der Ripa di Porta Ticinese 47 und ist sicher unzählige Male über diese Brücke gegangen.

TIPP

Als Einstieg in die Werke der Poetin empfiehlt sich das Buch „Aforismi e magie".

Für die Bewohner des Navigli-Viertels ist der Brückenname ein Glücksfall, denn dadurch bleibt die berühmteste Anwohnerin im Viertel bis heute präsent. Merini liebte „ihre" Wohngegend. „Das Haus der Poesie wird niemals Türen haben", stellte der Freigeist fest. Ihr reales Haus hatte auch keine, denn das bescheidene Zuhause war beliebter Treffpunkt für Obdachlose, Studenten und brotlose Künstler. Merini verstand ihre Poesie immer als rettende Brücke für Liebe und Hoffnung. Daher ist diese Brücke der Poesie mit romantischem Blick auf die historischen Häuser an beiden Ufern für viele Mailänder ein ganz besonderer Glücksort, an dem sie ihrer geliebten „Dichterin des Navigli" sehr nah sein können. Alda Merini stellte im Rückblick auf ihr oft schweres Leben fest: „Ich habe mein ganzes Leben genossen … weil mir auch die Hölle im Leben gefällt und das Leben ist oft die Hölle!" Wir verneigen uns vor so viel Weisheit und überqueren die Ponte Alda Merini mit dieser wundervollen Lebenseinstellung im Herzen ganz bewusst im Gedenken an die berühmte italienische Lyrikerin.

- Ponte Alda Merini, Naviglio Grande, 20143 Mailand
- ÖPNV: Metro M2, Haltestelle Porta Genova

Place to be

12 Colonna di San Lorenzo im Viertel Porta Ticinese

Ein kleines Stück Rom mitten in Mailand? In der Tat, das gibt es wirklich. Die beeindruckenden Colonne di San Lorenzo (San Lorenzo-Säulen) rahmen malerisch den sympathischen Kirchplatz gegenüber der frühchristlichen Basilica di San Lorenzo (4. Jahrhundert) ein und verleihen ihm dadurch eine gewisse Würde. Schräg dahinter verströmt das ehemalige Stadttor Porta Ticinese mittelalterliches Flair. Die insgesamt 16, rund 8,50 Meter hohen Säulen mit korinthischen Kapitellen stammen aus der römischen Stadt Mediolanum (ab 222 v. Chr.).

Wie in jeder großen Stadt gibt es auch in Mailand einen *place to be,* an dem sich abends Künstler, Studenten, die alternative Szene, verliebte Paare und viele andere treffen, um das Leben zu zelebrieren. Einer jener herrlichen Plätze ist dieser Kirchplatz. Bei Einbruch der Dunkelheit, wenn die Säulen romantisch beleuchtet werden, erwacht hier die junge Mailänder Szene. Man trifft sich bestens gelaunt und tauscht angeregt die Neuigkeiten des Tages aus. Musiker – vielleicht spätere Rockstars, wer weiß – geben hier ihr Können zum Besten. Im quirligen Miteinander lernt man schnell und unkompliziert Gleichgesinnte kennen. Der Platz fungiert daher im realen Leben als probate Kennenlernbörse, fernab der virtuellen Welt. Ein ungeschriebenes Gesetz besagt, sich für den großen Auftritt selbstverständlich schick zu machen. Besonders in der Stadt der Mode lässt man sich da natürlich nichts nachsagen. Schließlich ist „sehen und gesehen werden" eine wichtige Attitüde des abendlichen, mit großer Leidenschaft, Liebe und Freude inszenierten Schaulaufens. Je weiter die Nacht voranschreitet, desto ausgelassener das Publikum, das aus den nahen Szenelokalen auf den Platz strömt. Es ist die tief empfundene Leichtigkeit des Seins, die diesen einmaligen Platz, behütet von den imposanten Säulen, zu einem besonderen Ort macht. Hier ist das Glück zuhause, und hier spürt man pulsierende, intensive Lebensfreude. Doch Vorsicht: Glück und Lebensfreude sind ansteckend!

TIPP

Einen Besuch wert: die majestätische Basilica di San Lorenzo, deren Bau in der Römerzeit begann.

● Colonna di San Lorenzo, Corso di Porta Ticinese 45, 20123 Mailand
● ÖPNV: Metro M3, Haltestelle Missori

PHAZ

Zauberhafte Ruheoase

13

Innenhof Palazzo di Brera im Stadtteil Brera

Welch magischer Platz, was für ein zauberhafter Rückzugsort mitten in Mailand, wie geschaffen für eine erholsame Ruhepause, der zum Meditieren, Lesen, Zeichnen oder einfach nur zum Nichtstun einlädt. Doch halt, alles der Reihe nach: Dort, wo sich der prächtige Palazzo erhebt, stand im 12. Jahrhundert ein Humaliten- und ab 1571 ein Jesuitenkloster. Das heutige beeindruckende Monumentalgebäude wurde Mitte des 16. Jahrhunderts von dem italienischen Baumeister Ricchini errichtet, der übrigens auch am Bau des Mailänder Doms mitwirkte. Ricchini war berühmt für seine elegant gestalteten eindrucksvollen Innenhöfe, die er mit opulenten Säulengängen perfekt in Szene setzte. Unter Napoleon Bonaparte wurde die Kirche Santa Maria zu einer Kunstakademie umgebaut und großzügig erweitert. Kaiserin Maria Theresia ist es zu verdanken, dass etliche kulturelle und wissenschaftliche Einrichtungen Einzug in die herrschaftlichen 38 Säle des riesigen Palazzos hielten und bis heute noch dort sind. So finden sich hier u. a. die Accademia di Belle Arti di Brera (Akademie der Schönen Künste), die Biblioteca Nazionale Braidense (Italienische Nationalbibliothek) mit mehr als 1,5 Millionen Büchern und die Pinacoteca di Brera, eine bedeutende Gemäldesammlung.

TIPP
Im Palazzo werden Veranstaltungen wie Konzerte und Ausstellungen angeboten (pinacotecabrera.org).

In der Mitte des zauberhaften Innenhofes begrüßt Napoleon Bonaparte, in Bronze als Mars dargestellt, eloquent seine Gäste. Dekorative Arkaden, die wegen ihrer gleichmäßig angeordneten Säulen und Rundbögen eine angenehm beruhigende Wirkung ausstrahlen, säumen den Innenhof. Im Sommer sorgen sie für angenehm kühlenden Schatten. Von hier aus fällt der Blick auf berühmte steinerne Zeitzeugen, die gewiss Spannendes aus der abwechslungsreichen lombardischen Geschichte zu erzählen wüssten. Sicherlich trägt die Gleichmäßigkeit der Architektur dazu bei, dass man sich hier gut aufgehoben und geborgen fühlt. Die Zeit scheint kurz stehen zu bleiben. Lärm und Hektik kennt man hier nicht. Was für ein Glück, dass es eine solch erholsame Ruheoase mitten in der hektischen Stadt gibt.

- Palazzo di Brera, Via Brera 28, 20121 Mailand, www.accademiadibrera.milano.it
- ÖPNV: Metro M2, Haltestelle Lanza; Metro M3, Haltestelle Montenapoleone

Brera

Charmantes Rattern

14

Trambahnen durch Mailand

Die Mailänder lieben ihre Trambahn über alles! Seit 1841 rattert sie beständig und zuverlässig, in den Kurven herzzerreißend quietschend, circa 170 Kilometer lang durch die Stadt. Insgesamt sind es 18 verschiedene Linien. Der zwischen 1928 und 1932 erbaute „Tipo 1928", ein optisches Schmuckstück, prägt dabei bis heute das Stadtbild. Es macht unwahrscheinlich viel Spaß, mit diesem nostalgischen Fortbewegungsmittel individuell und langsam die Stadt zu erkunden. Für diese ungewöhnliche Sightseeingtour eignet sich am besten die Linie 1, die zu etlichen der bekannten Hotspots der Stadt führt. Das Innere der historischen Waggons punktet charmant mit altertümlichem Ambiente. Man nimmt Platz auf einfachen Holzbänken. Alte Messingbeschläge an Fenstern und Türen blitzen um die Wette und die alten Glaslampen verströmen schummriges Licht. Die Fenster lassen sich noch öffnen – für einige jüngere Fahrgästen vielleicht eine neue Erfahrung.

TIPP

Mailand verkaufte elf ihrer historischen Trambahnen nach San Francisco, wo sie bis heute noch fahren.

Das Schönste an dieser Entdeckungsreise ist jedoch die angenehme Langsamkeit, die ganz wunderbar entschleunigt. Erstaunt und verwundert stellt man fest, dass nicht immer ein rasantes Tempo vorherrschen muss, sondern dass man sich in der heutigen hektischen Zeit auch mal den Luxus leisten kann, der Langsamkeit den Vortritt zu lassen, um trotzdem ans Ziel zu kommen. Es ist nicht die Geschwindigkeit, die glücklich macht, sondern es sind die genussvollen Momente, die es zu erleben gilt. Die Tram stört sich nicht an solchen, fast schon philosophisch anmutenden Gedanken. Sie rattert einfach immer weiter auf ihrem vorgegebenen Weg. Auch diese stoische Zuverlässigkeit bietet persönliche Sicherheit und die weise Erkenntnis, dass es nicht immer schnell im Leben gehen muss. Vielmehr sollte Spaß und genussvolles Erleben im Vordergrund stehen. Aristoteles formulierte es einst so treffend: „Die Muße scheint Lust, wahres Glück und seliges Leben in sich selbst zu tragen."

● Trambahn Linie 1, 20 Haltestellen, z. B. Piazza della Repubblica, Piazza Cavour, beim Duomo, Scala und Piazza Virgilio, Tickets gibt es in vielen Bars und Zeitungskiosken (tabacchi)

M
ROSERIO
1940

Ein Mikrokosmos für alle

15 Cigar e Cigar nahe der Darsena (Hafenbecken)

Völlig unscheinbar präsentiert sich der kleine Laden an der belebten Via Vigevano. Untergebracht in einem alten Haus, weist nur der Namenszug CIGAR & CIGAR über dem Eingang darauf hin, was man hier bekommt. Beim Betreten des Geschäfts jedoch eröffnet sich eine Welt, die Zigarrenliebhaber und -kenner ins Schwärmen bringt. Neben einem großen Angebot an Zigaretten findet sich hier eine beeindruckende Auswahl an Zigarren aus der ganzen Welt in unterschiedlichen Preisklassen. Wer sich unsicher bei seiner Wahl ist oder etwas Neues kennenlernen möchte, wird freundlich und absolut kompetent beraten. Ist die gewünschte Marke nicht vorrätig, wird sie umgehend bestellt, was die zahlreichen Stammgäste sehr schätzen. Natürlich wird auch das passende Raucherzubehör angeboten, beispielsweise Feuerzeuge mit diversen Motiven. Ein Flammenspender mit der Aufschrift „I love Milano" ist übrigens ein nettes Mitbringsel, auch für Nichtraucher! Apropos Nichtraucher, die kaufen gern in dem kleinen Kiosk ein, z. B. Tickets, Knabbergebäck, Süßigkeiten, Batterien oder Telefonkarten. Mit der Abgabe von Lottoscheinen und dem Ziehen von Glückslosen können Mutige ihr persönliches Glück herausfordern.

TIPP

Leckere authentische Pizzen zu moderaten Preisen bietet die Pizzeria Pizzium (Via Vigevano 33).

Darüber hinaus ist das Geschäft angesagter Meetingpoint für die Bewohnerinnen und Bewohner des Viertels – und das schon seit seinem Gründungsjahr 1992. Es ist ein täglich gern genutzter Treffpunkt, an dem man Neuigkeiten aus der Stadt erfährt, nachbarschaftliche Beziehungen pflegt oder sich rege austauscht. Ein Ort schöner Begegnungen in herrlich zwangloser entspannter Atmosphäre. Hier wird der Zusammenhalt im Viertel gestärkt, Nachbarschaftshilfe gelebt und das Gefühl der Zugehörigkeit ehrlich vermittelt. Dieser überschaubare, ganz wundervolle Mikrokosmos ist zwar – architektonisch gesehen – ein kleiner Ort, aber für die Einheimischen ein bedeutender großer Glücksort, den man mit einem Lächeln auf dem Gesicht zufrieden verlässt und sich dabei schon auf den nächsten Besuch freut. Glück kann so einfach sein.

- Cigar e Cigar, Via Vigevano 33, 20144 Mailand
- ÖPNV: Tram 2, 9, 10, Haltestelle Porta Genov

Dal 1992
CIGAR E CIGAR
Tabacchi e Servizi
SELF
24 H
LOTTO
SuperEnalotto
Win for Life!
qui FRANCOBOLLI VALORI BOLLATI
Gratta e Vinci!
10 e LOTTO
RICARICHE TELEFONICHE E BIGLIETTI
ATM
CIGAR E CIGAR
T
RIV. N°
243
LA2D
Habanos
ciaotickets
Ticket Point
STAMPS AVAILABLE HERE

Fische zur Weltausstellung

16 Acquario Civico am Eingang des Parco Sempione

Man schreibt das Jahr 1906. Mit Pomp und Gloria wird in Mailand die Weltausstellung eröffnet. Anlässlich dieses Megaevents hat sich die Stadt fein herausgeputzt und etliche prunkvolle Paläste errichtet. Heute ist davon nur noch das prächtige, große Jugendstilgebäude erhalten. Es wurde einst von dem Architekten Sebastiano Locati im klassischen Wiener Stil errichtet. Bereits beim Betrachten der ebenso reichlich wie wunderschön verzierten Außenfassade werden Glücksgefühle ausgelöst. Es lohnt sich, die kunstvollen Verzierungen näher in Augenschein zu nehmen; denn hier finden sich spannende Hinweise darauf, was im Inneren des großzügig gestalteten Gebäudes wartet: unterschiedlichste Lebewesen wie Schildkröten, Hummer, Krebse und Fische aus Seen, Flüssen sowie dem Meer. Neptun, in Form einer Statue, begrüßt huldvoll seine Gäste, die – einmal neugierig gemacht – das Innere des großzügig gestalteten Gebäudes betreten, um dort das Acquario Civico di Milano (Städtisches Aquarium Mailand) zu besuchen.

TIPP

Mailänder Schüler erarbeiten mit Green Planner und dem Aquarium Ausstellungen zu Umweltthemen.

Das drittgrößte Aquarium Europas mit über 100 Arten ist nicht nur an Regentagen einen Besuch wert. Hier besteht die einmalige Gelegenheit, den Weg des Wassers von der Quelle in den italienischen Alpen bis hin zur Mündung in die Adria zu verfolgen. Das Museum wird damit zur regionalen Erlebniswelt. Nicht nur für Kinder eine spannende und lehrreiche Reise. Warum sind Forellen nur im eiskalten Gebirgsbach glücklich? Warum suchen schwimmende Fossilien im Comer See ihr Glück, und ist der Stör glücklicher im Süß- oder im Salzwasser? Glück ist auch, Stachelrochen und Leopardenhaie aus nächster Nähe beobachten zu können, ohne sich in Gefahr zu begeben. Kurse und Spezialführungen ergänzen das nasse, vielseitige Angebot, das sich ausführlich auch mit dem Thema Klimaerwärmung beschäftigt. Es ist wundervoll zu erleben, wie viele Kinder und Jugendliche sich für dieses brisante Thema engagieren und unter fachlicher Anleitung an Problemlösungen arbeiten. So kann die Zukunft getrost kommen!

- Acquario Civico, Viale G. B. Gadio 2, 20121 Mailand, Tel. +39 (2) 88 46 57 50 www.acquariodimilano.it
- ÖPNV: Bus 57, Metro M2, Tram 2, 4, 12, 14, Haltestelle Lanza

Glück, das knuspert

17 Panificio de Luca Focaccia Genovese

Das Ganze ist mehr als die Summe seiner Teile, und Glück entsteht beim Essen. Diese Weisheiten treffen auf die Focaccia zu, das Ergebnis aus Mehl, lauwarmem Wasser, etwas Olivenöl *extra vergine*, einer Prise Salz und dem Hauch von Zucker. Die knusprige Köstlichkeit kann wahlweise mit Tomaten, Oliven, Spinat oder Zwiebeln belegt werden. Sie ist der absolute Klassiker der italienischen Küche und wurde in Genua erfunden. Man genießt den gebackenen Teigfladen zum Frühstück mit einem Glas Milch oder einem Cappuccino, als Beilage zu den Hauptmahlzeiten, als kleinen, schnellen Snack zwischendurch *(spuntini)* oder zusammen mit einem Glas Wein *(aperitivo)* am frühen Abend. Der Name Focaccia leitet sich von dem genuesischen Wort *fugassa* ab (über dem Feuer gebacken). Denn früher wurde der Teig auf den Boden eines Ofens gelegt, unter dem ein Feuer loderte. Die Herstellung einer echten, authentischen „Minipizza" ist hohe Backkunst! Sie darf keine gummiartige Konsistenz haben, muss mit einer bernsteinfarbenen Oberfläche prächtig glänzen und sollte auch noch nach Stunden außen knusprig, innen weich sowie fluffig sein.

TIPP

Empfehlung: die leckere focaccia con cipolle alla genovese, mit dünn geschnittenen Zwiebeln belegt.

In Mailand gibt es eine kleine Bäckerei, die sich wunderbar auf die nicht ganz einfache Zubereitung der genuesischen Spezialität versteht: die Panificio de Luca. Der Verkaufsraum ist puristisch in Weiß gehalten, wodurch die hinter Glasscheiben appetitlich präsentierten Backwaren optimal zur Wirkung kommen. Allein schon bei diesem wundervollen Anblick läuft einem sofort das Wasser im Mund zusammen. Neben allerlei süßem Gebäck und frisch zubereiteter, natürlich selbst hergestellter Pasta bietet die Bäckerei das Genueser Original in etliche Varianten an. Viele Stammgäste betonen glücklich, die hier hergestellten Focacce seien die besten der Stadt. Verpackt in weiße, knisternde Papiertüten verschönern diese duftenden Glücksbringer den Alltag: ab und zu ein Stückchen abbrechen, Augen schließen und den Geschmack von italienischer *dolce vita* genussvoll auf der Zunge zergehen lassen. Das ist pures Glück.

- Panificio de Luca, Via Giuseppe Meda 15, 20136 Mailand
- ÖPNV: Tram 3, Haltestelle Largo Mahler; Bus 59, 71, 90, 91, Haltestelle Viale Tibaldi Via Meda

PANIFICIO DE LUCA
FOCACCIA GENOVESE
PANE FRESCO
PRODOTTI ARTIGIANALI

Die Stadt und das Wasser

18 Darsena (Hafenbecken) nahe der Porta Ticinese

Die Milanesi lieben ihre Stadt über alles. Allerdings mischt sich in diese *grande amore* ein klitzekleiner Wermutstropfen: Mailand liegt nicht am Meer. Die große Sehnsucht nach Wasser erklärt, weshalb sich viele Einheimische an lauen Sommerabenden gerne an den romantischen Ufern der Darsena auf einen Aperitivo in den dortigen urigen Kneipen oder zu einem Picknick direkt an den Ufermauern treffen. Der künstlich angelegte, 17.500 Quadratmeter große Hafen ist rund 750 Meter lang und circa 25 Meter breit. Über Jahrhunderte hinweg war er wichtiger Umschlagplatz für jene Waren, die über das damals weit verzweigte Kanalnetz ankamen und von hier aus an ihre Bestimmungssorte weiter verladen wurden. Diese Funktion übernahm schließlich der neu erbaute Güterbahnhof. Am 30. März 1979 fuhr der letzte Frachter in das Hafenbecken ein, was von Einheimischen als Abschiedsgeschenk mit Standing Ovations gefeiert wurde. Damit endete auch ein wichtiger Abschnitt Mailänder Geschichte.

Glück für uns heute, denn die Darsena fand als schöner Freizeitort schnell ihre neue Funktion: Jetzt kann man gemütlich am glitzernden Wasser spazieren gehen, sich ein Eis kaufen oder einen Halt in einem der Cafés einlegen. Wer nach einem Stadtrundgang müde geworden ist, ruht sich auf einer Parkbank aus und genießt den beinahe meditativen Blick auf die Wasseroberfläche. Die historischen Fronten der einstigen Handwerkerhäuser des Stadtviertels Navigli spiegeln sich charmant im Wasser wider und malen dort farbenfrohe impressionistische Gemälde. Oft lassen sich auch die Ruderer des nahen Ruderklubs bei ihren Trainingseinheiten beobachten. Oder man sieht den Ausflugsbooten zu, die gemächlich ihre Runden drehen. Einfach mal nichts tun – dieser gute Vorsatz lässt sich hier am Ufer bestens realisieren. Was für ein großes Glück, dass im Hafen keine Frachter mehr anlegen, sondern dieses idyllische Stückchen Mailand erlebenswerter Treffpunkt für Erholungssuchende und Genießer geworden ist.

TIPP

Das Piz (Via Torino 34) offeriert leckere Pizzen aus dem Holzofen zu günstigen Preisen, auch zum Mitnehmen.

- Darsena di Milano im Centro Storico, 20123 Mailand
- ÖPNV: Metro M1, Haltestelle Duomo

PONZI

Was für eine Pracht

19 Galleria Vittorio Emanuele II gegenüber dem Dom

Will man neben dem überaus prächtigen Wahrzeichen der Stadt, dem Duomo Santa Maria Nascente mit seinen filigranen Turmspitzen und markanten verschieden großen Steinstatuen, bestehen, muss man sich etwas ganz Besonderes einfallen lassen. Und genau das ist dem Architekten Giuseppe Mengoni (1829–1877) meisterhaft gelungen: Die traumhaft schöne Galleria Vittorio Emanuele II, unmittelbar neben dem Dom gelegen, wurde 1867 eröffnet und verkörpert das Prunkstück Mengonis, der ihre Eröffnung leider nicht mehr miterleben durfte. Salotto (Salon, Wohnzimmer) nennen die Mailänder liebevoll das Gebäude, das die Piazza del Duomo mit der Piazza della Scala verbindet und mit unzähligen Fresken, Figuren und Stuck verziert ist. Benannt wurde die erste Shoppingmeile Italiens nach dem ersten König des wiedervereinten Italiens, Vittorio Emanuele II, der übrigens auch den Grundstein zu dieser überdachten Fußgängerzone legte.

TIPP
Vom Dach der Galleria genießt man einen Panoramablick über Mailand.

Apropos überdacht: Die imposante rund 47 Meter hohe Kuppel aus Stahl und Glas schützt vor den Unbilden der Witterung. Dadurch ist entspanntes Bummeln, vorbei an wunderschön dekorierten Schaufenstern der Luxusgeschäfte wie Versace, Gucci, Prada, Luis Vuitton oder Armani garantiert. Die vier großen Mosaiken auf dem Fußboden direkt unter dem Glasdach stehen für Rom (Wolf), Mailand (rotes Kreuz auf weißem Grund), Florenz (Schwan) und Turin (Stier). Und genau wegen dieses Rindviehs auf blauem Grund strömen täglich Glückssuchende – Einheimische wie Touristen – an diesen Platz. Denn es heißt: Tritt man dem Stier mit dem Absatz in seine Weichteile und dreht sich dabei dreimal um die eigene Achse, bringt das Glück. Das unübersehbare Loch im Intimbereich des auf diese Weise malträtierten armen Tieres ist Beleg für die Richtigkeit dieser einfach zu praktizierenden Glücksübung. Woher dieses Glücksritual stammt, weiß niemand so genau. Ist auch egal – Hauptsache, es funktioniert!

- Galleria Vittorio Emanuele II, Piazza del Duomo, 20123 Mailand
- ÖPNV: Metro M1, M2, M3, Haltestelle Duomo

Traditionell und regional

20 Trattoria Madonnina nahe der Porta Ticinese

Rot-weiß-karierte Stoffdecken verwandeln die einfachen Holztische in einen wundervollen Ort, an dem man gerne Platz nimmt und es sich gut gehen lässt. An den in warmen Gelbtönen getünchten Wänden hängen historische Plakate und alte Fotos. Die Trattoria Madonnina scheint etwas aus der Zeit gefallen zu sein und ist ein Stück altes Mailand, das zwar mitten im quirligen Stadtteil Navigli liegt, aber etwas abseits der ausgetretenen Touristenpfade. Eins der Lokale, von dem es in der Metropole nur noch wenige gibt: bodenständig und authentisch, ohne viel Schnickschnack. Von außen präsentiert sich das kleine, sehr charmante Ristorante absolut unspektakulär. Fast besteht sogar die Gefahr, daran vorbeizulaufen. Das wäre sehr schade, denn man würde viel verpassen!

TIPP

Im Parco della Resistenza lädt der 2022 eröffnete riesige Abenteuerspielplatz zu Spiel und Spaß ein.

Das Madonnina macht mit seiner einfachen, aber gemütlichen Einrichtung und seiner überschaubaren Speisekarte der klassischen Bezeichnung Trattoria alle Ehre. Das Wort leitet sich übrigens von *trattore* (zubereiten, in diesem Fall von Speisen) ab. Somit werden in diesen kleinen, meist familiär geführten Gaststätten einfache Gerichte aus vorwiegend regionalen Zutaten angeboten. Die Speisen werden stets frisch zubereitet. Pizzen sucht man hier vergebens. Auch die handgeschriebene Speisekarte der Trattoria Madonnina ist schnell gelesen: Klassiker der gut bürgerlichen Mailänder Küche. Absolute Empfehlungen sind das traditionell zubereitete *ossobuco* (Kalbshaxe, die in einer leckeren Tomatensauce lange im Ofen schmort) mit goldgelbem, schlotzigem *risotto alla milanese* und das legendäre *cotoletta alla milanese*, einer weiteren regionalen Spezialität. Stammgäste behaupten, es sei das Beste der Stadt. Freundliche Servicekräfte tragen neben dem leckeren Essen zur herrlich entspannten Atmosphäre bei, sodass man sich hier rundum glücklich fühlt. Ist dieses authentische Kleinod ein perfekter Glücksort? Diese Frage kann mit einem ganz klaren Ja beantwortet werden! Na dann: *Buon appetito!*

● Trattoria Madonnina, Via Gentilino 6, 20136 Mailand, Tel. +39 (2) 89 40 90 89
● ÖPNV: Tram 3, 9, Haltestelle Via Lagrange

Der Dicke mit blauem Helm

21 Alberto-Ascari-Denkmal nahe der Viale Cassala

Am 13. Juli 1918 wurde in der Corso Sempione 60 ein Junge geboren, der später internationale Autorennfahrergeschichte schreiben sollte. 1952 gewann er den ersten Weltmeistertitel für Ferrari. Bis heute ist er in Italien nach wie vor ein Idol und wird von vielen Mailändern noch immer inbrünstig verehrt. Alberto Ascari war sein bürgerlicher Name, aber seine Fans nannten ihn liebevoll „Ciccio“ (Dicker). Der Nickname dieses berühmten Rennfahrers, einer der größten seiner Zeit, weist auf einen nicht besonders gut durchtrainierten Körper mit leichtem Bauchansatz hin. Kennzeichen des Italieners waren zeitlebens sein blaues Hemd und sein blauer Helm. Um sein Leben ranken sich zahlreiche Geschichten und Legenden. Eine davon lautet: Beim zweiten Saisonlauf in Monte Carlo am 22. Mai 1955 in der 81. Runde hielt die italienische Motorsportwelt entsetzt den Atem an: Alberto Ascari stürzte mit seinem Lancia spektakulär in das Hafenbecken von Monte Carlo. Aber er hatte Glück im Unglück und wurde von Tauchern geborgen. Vier Tage später jedoch verließ das Glück die Rennfahrerlegende: Ciccio verstarb plötzlich und wurde auf dem Mailänder Cimitero Monumentale neben seinem Vater, ebenfalls Rennfahrer, beerdigt.

Zu seinem Tod gibt es bis heute unzählige Erzählungen, da die genaue Todesursache noch immer nicht geklärt ist. Der Mythos Ascari ist in Form des im Juni 2021 enthüllten Ascari-Denkmals auf der – wie sollte es anders sein – Piazza Alberto Ascari steingewordene Erinnerung geworden und zum Wallfahrtsort vieler Fans. Dargestellt wird der Weltmeister am Steuer seines legendären Ferrari F1. Ein glücklich machender Ort für seine Anhänger, denn er bietet ihnen die einmalige Chance, ihrem Idol ganz nahe sein zu können und ein Selfie mit ihm zu machen. Gern trifft man sich hier, um über das ein oder andere Rennen lautstark zu fachsimpeln oder an seinen Ehrentagen andächtig Blumen oder Modellautos (natürlich Ferraris) niederzulegen. Was für eine schöne Geste!

TIPP

Das Ristorante Riviera (Piazza Serafino Belfanti 6) überzeugt mit authentischer italienischer Küche.

● Monumento ad Alberto Ascari, Piazza Alberto Ascari, 20143 Mailand
● ÖPNV: Metro M2, Haltestelle Romolo

Ganz besondere Mitbringsel

22 La Nazionale Manifatture – Bandiere Milano

Ein schönes Mitbringsel erinnert an die herrliche Zeit, die man in Mailand erleben durfte. Beim Betrachten und Genießen des Andenkens werden Erinnerungen und Glücksmomente aus der „heimlichen Hauptstadt Italiens" wieder lebendig. Klassische Souvenirs, mit meist nur kurzer Lebenszeit, sind z. B. geröstete, in Honig eingelegte Nüsse aus dem Feinkostgeschäft Peck oder die Pralinen aus der Pasticceria Marchesi, die sich seit 1824 bestens auf ihr Handwerk versteht. Ein weiteres klassisches Souvenir ist der Panettone, der im 15. Jahrhundert sogar in der Hauptstadt der Lombardei erfunden wurde.

Wer jedoch ein besonderes Erinnerungsstück sucht, das zudem noch mit hohem Langzeitwert glücklich macht, besucht das kleine Fachgeschäft La Nazionale Manifatture – Bandiere Milano. Nahe des Navigli Grande liegt es etwas versteckt in einer alten, verträumten Gasse. Das Geschäft hat sich u. a. auf die Herstellung maßgeschneiderter Arbeitskleidung, Fahnen, Wimpel, Banner und Schärpen mit schönen Stickereien, z. B. für ehrenhafte Honoratioren spezialisiert. Wer das Geschäft betritt, wähnt sich in einer anderen Zeit – einer Zeit, in der man noch durch großes handwerkliches Können seine Kundschaft erfreute. Die Begrüßung findet, ähnlich wie bei einem Staatsbesuch, im Angesicht vieler großer Nationalflaggen statt. Sie wehen über dem Verkaufstresen und erzählen, worum es hier geht. Exakt in diesen seit Eröffnung im Jahr 1928 weitgehend unverändert gebliebenen Räumlichkeiten findet man sein ganz individuelles, glücklich machendes Souvenir. Hobbyköche wählen vielleicht eine weiße Kochmütze mit der Stickerei „Super Chef" oder eine Kochschürze, auf der – um jegliche Zweifel zu zerstreuen – „Le Chef" zu lesen ist. Sportler entscheiden sich für eine Basecap, auf die in Windeseile noch ein Wunschname gestickt wird. Wählt man die Stofftasche mit „Milano"-Stickerei, kann man diese zuhause immer wieder zum Einkaufen verwenden und wird auf so stets an die grandiose Zeit in dieser wundervollen Stadt erinnert.

TIPP

Die kleine Konditorei Mr. Dick (Corso di Porta Ticinese 83) bietet leckere erotische Backwaren an.

● La Nazionale Manifatture Bandiere Milano, Via Casale 4b, 20144 Mailand, Tel. +39 (2) 58 10 19 72, www.lanazionale.it
● ÖPNV: Tram 2, 9, 10, Haltestelle Porta Genova

BANDIERE

Italiens Antwort auf Goethe

23

Casa del Manzoni nahe dem Teatro alla Scala

Dieser Mann war ein absoluter Glücksfall für ganz Italien: Denn der Philosoph, Dichter und Schriftsteller Alessandro Francesco Tommaso Antonio Manzoni (1785–1873) war maßgeblich an der Etablierung der modernen italienischen Sprache beteiligt und sorgte dafür, dass diese sprachliche Einheit in ganz Italien praktiziert wurde. Ein schwieriges Unterfangen, da zu jener Zeit noch die regionalen Dialekte vorherrschten. Manzoni gilt als „Erfinder" der modernen italienischen Hochsprache. Sein Bekanntheitsgrad in Italien ist immens hoch und zu vergleichen mit dem von Shakespeare oder Goethe. Sein 1827 veröffentlichter historischer Roman „I Promessi Sposi" (Die Brautleute) avancierte zum absoluten Bestseller. Für diese Liebesgeschichte – zum Glück mit Happy End – aus dem Mailand des 17. Jahrhunderts ließ sich der Meister von der Idee bis zur endgültigen Fassung 20 Jahre Zeit. Für italienische Schüler an weiterführenden Schulen ist das Werk bis heute Pflichtlektüre.

TIPP

Das Buch „Die Brautleute" von Manzoni ist empfehlenswerte Urlaubslektüre.

Zum Glück ist das Geburtshaus des großen Meisters, die Casa del Manzoni, bestens erhalten und kann besucht werden, was ebenfalls zum Pflichtprogramm vieler italienischer Schulklassen gehört. Die herrliche mit roter Terrakotta verkleidete Renaissance-Außenfassade dominiert den kleinen Belgiojoso-Platz. Das Erdgeschoss bietet u. a. Platz für eine Spezialbibliothek mit über 38.000 Bänden. Was für ein Glück, dass die Einrichtung der Familie Manzoni komplett erhalten ist. Dadurch kann man im Erdgeschoss und den sechs Sälen im ersten Stock erleben, wie sie gewohnt und gelebt haben. Der Blick in den romantischen Garten hat Manzoni, der sich in der Botanik sehr gut auskannte, sicherlich oft inspiriert. Vielleicht regte ihn aber auch sein Freund Giuseppe Verdi an. Dieser verehrte den Schriftsteller so sehr, dass er ihm nach dessen Tod eine Totenmesse, die „Messa da Requiem", komponierte. So verbreitet sogar der Tod Manzonis bis heute noch Glück – in Form von wundervoller Musik.

● Casa del Manzoni, Via Gerolamo Morone 1, 20121 Mailand, Tel. +39 (2) 86 46 04 03
www.casadelmanzoni.it
● ÖPNV: Tram 1, Haltestelle Via Manzoni

ALESSANDRO MANZO

Perfekt zum Chillen

24

Cocktailbar Vista Darsena an der Darsena

Nein, ein Aprilscherz war es nicht, als am 1. April 2016 das Café mit Cocktailbar, das Vista Darsena, eröffnete. Seine Lage ist perfekt: direkt am Ufer des malerischen alten Hafenbeckens, der Darsena di Porta Ticinese, im angesagten kunterbunten Viertel Navigli – fantastisch! Eigentlich könnte man hier von morgens bis in die Nacht Zeit verbringen, beobachten und einfach nur glücklich genießen. Bei Regen bietet sich der gemütliche Innenraum an, bei schönem Wetter geht's ab nach draußen auf die Terrasse. Was für eine wundervoll entspannte Atmosphäre. Angenehme leise Jazzmusik im Hintergrund unterstreicht das Wohlfühlempfinden. Wer hier seinen Tag mit einem Frühstück beginnt, kann nichts falsch machen. Zum obligatorischen *caffè* gibt's u. a. frisch gebackene Brioches mit verschiedenen leckeren Füllungen. Die Mittagskarte liest sich wie eine kleine Weltreise. Wie wäre es mit köstlichem Chicken Curry, thailändischer Kokossuppe mit Shrimps oder mit leckerem Teriyaki-Lachs? Weitere lukullische Glücklichmacher sind Klassiker der italienischen Küche: eine ligurische Focaccia mit Tintenfisch und ein Cunzato-Sandwich – eine sizilianische Spezialität, bestehend aus warmem Weißbrot mit u. a. Sardellenfilets, Tomatenscheiben und Olivenöl.

TIPP

Während der Weihnachtszeit lädt ein kleiner Weihnachtsmarkt zum Schlittschuhfahren am Ufer ein.

Wenn sich der Tag langsam dem Ende neigt und die untergehende Sonne mit einem letzten farbenprächtigen Auftritt Herz und Seele erfreut, ist im Vista Darsena Aperitif-Zeit. Hier trifft man sich nach getaner Arbeit mit Freunden auf ein Glas Wein, einen Cocktail oder ein frisch gezapftes Bier und genießt dazu in geselliger Runde frisch zubereitete Piadine. Diese dünnen traditionellen Brotfladen werden mit unterschiedlichen Köstlichkeiten wie Bresaola-Schinken oder Frischkäse belegt. Abends spiegeln sich die zahllosen Lichter auf der Wasseroberfläche des Hafenbeckens und verbreiten dadurch einmalig schöne Stimmung. Da kann es schon mal passieren, dass der gesellige unterhaltsame Abend etwas länger dauert. Kein Wunder bei der romantischen Stimmung – pures Glück, das natürlich voll ausgekostet werden muss!

- Vista Darsena, Viale Gabriele D'Annunzio 20, 20123 Mailand, Tel. +39 (3 29) 3 03 96 86, www.vistadarsena.it
- ÖPNV: Tram 2, 9, 10, 14, Haltestelle Piazzale Cantore

Was für ein Theater

25 Piccolo Teatro Strehler im Brera-Viertel

Begonnen hatte alles im Jahr 1947. Giorgio Strehler, Paolo Grassi und Nina Vinchi, drei theaterverrückte Freunde, eröffneten mutig und enthusiastisch im Nachkriegsmailand ein Theater, das ein möglichst breites Publikum erfreuen sollte: „Theatre of Art for All", lautete der Slogan. Gezeigt wurden hauptsächlich Klassiker, z. B. von Bertold Brecht oder William Shakespeare. Heute besteht die legendäre Mailänder Institution aus drei Theatern: das historische Teatro Grassi in der Via Rovello, das experimentelle Teatro Studio Melato (mit Theaterschule) in der Via Rivoli und das 1998 eingeweihte Piccolo Teatro di Milano, auch Teatro d'Europa oder einfach nur Teatro Strehler genannt, direkt am Ausgang der Metro Lanza. Benannt ist es nach dem Regisseur Giorgio Strehler (1921–1997), einem der drei Gründer.

TIPP
Die belebte Via Dante mit ihren schönen Geschäften nahe dem Dom lädt zu einem Bummel ein.

Der Theaterraum mit 968 Sitzplätzen ist heimelig und sympathisch in warmen, rotbraunen Tönen gehalten. An der Saaldecke leuchten zahllose Lichter und wirken wie Sterne am Himmel. Die rosafarbenen Stoffbezüge der bequemen Theatersessel harmonieren farblich perfekt mit dem dunkelroten Bühnenvorhang. Wenn dieser sich majestätisch erhebt und das Licht im Zuschauerraum langsam erlischt, werden Stücke mit unterschiedlichsten Sujets gezeigt: sensationelle Shows, moderne Theaterstücke, aber auch Klassiker wie Tschaikowskis „Nussknacker". Neben zum Teil ungewöhnlichen Inszenierungen und hochkarätigen Künstlern ist das Theater bekannt für seine ausgezeichnete Akustik und sein 2017 komplett erneuertes Lichtsystem, das im ganzen Haus interessante und spannende Effekte schafft. Und das bei über 60 Prozent Energieeinsparung gegenüber dem alten System – vorbildlich! Das zauberhafte Piccolo Teatro Strehler ist heute eines der wichtigsten kulturellen Einrichtungen der Stadt, das nicht nur von den Milanesi, sondern auch von kunstinteressierten Besuchern geschätzt und geliebt wird. Ein magischer Ort, der seine Besucher glücklich macht. Und zwar alle – genau wie seine Gründer es gewollt hatten: „Theater für alle"!

- Piccolo Teatro Strehler, Largo Antonio Greppi 1, 20121 Mailand, Tickets: Tel. +39 (2) 21 12 61 16, www.piccoloteatro.org
- ÖPNV: Tram 2, 4, 12, 14, Bus 57, 61, Metro M2, Haltestelle Lanza

Mariupol
INDICATIVO

Duftendes grünes Paradies

26

Green Fingers Market Milano nahe Porta Genova

Noch zu Beginn des 20. Jahrhunderts dominierten Fabriken das Viertel um die Via Savona. Als diese mehr und mehr an den Stadtrand oder aus Mailand hinaus verlagert wurden, wandelte sich der historische Bezirk peu à peu zu einem neuen, lebendigen Quartier mit ganz anderer Couleur. Überwiegend junge Milanesi suchen hier abends ihr ganz persönliches Glück im abwechslungsreichen Nachtleben der trendigen Szeneclubs und Bars. Wer tagsüber durch das Viertel schlendert, trifft in prächtig verzierten, alten Gebäuden auf ausgefallene Modeshops, angesagte Showrooms, kleine Kunstgalerien und nette Cafés. All dies verleiht der Gegend neues Image und eine frische Atmosphäre. Die erlebenswerte Straße Via Savona liegt nahe dem modernen Museumskomplex MUDEC (Museo delle Culture). Beim Bummel passiert man das Cinema Mexico (Nr. 57), das Al Fresco, ein trendiges Lokal mit Industriecharme (Nr. 50), einen kleinen, aber feinen Dessousladen mit über 600 verschiedenen Produkten (Nr. 45) und die Langosteria, ein edles Fischrestaurant (Nr. 10).

Haus Nr. 21 ist ein Ort, dessen Eingang allein bereits Glücksgefühle auslöst. Die fantastische, grüne Pflanzendekoration über der Haustüre verrät die Absicht des Geschäfts: Der Green Fingers Market ist ein Blumenladen, doch was für einer! Hier dreht sich alles um individuelle Kunst aus und mit Pflanzen. Sein Besitzer, der japanische Pflanzenkünstler Kawamoto, hat sich hier seinen grünen Traum verwirklicht und macht damit viele Besucher sehr glücklich. Pflanzen haben die Räumlichkeiten komplett erobert, auch die Wände sind üppig mit dekorativem, lebendigem Grün geschmückt. Man sollte sich tatsächlich etwas Zeit gönnen, um all die grünen, eitlen Schönheiten, die gekonnt um die Gunst der Besucher buhlen, zu entdecken und zu bewundern. Erstaunt wird man feststellen, dass man dieses grüne Paradies erholt und sehr glücklich verlässt. Wen wundert's bei so viel Schönem – alles in Grün, eine Farbe, die bekanntermaßen für inneres Gleichgewicht, Glück und Harmonie steht.

TIPP

In der Via Savona befindet sich eine Ladestation für Elektroautos (e.vai).

- Green Fingers Market Milano, Via Savona 21, 20144 Mailand, Tel. +39 (2) 50 04 36 57, www.greenfingersmarket.com
- ÖPNV: Metro M2, Haltestelle S. Agostino

GREEN
FINGERS
MARKET
GREEN
FINGERS
MARKET

Zu Besuch beim Stadtpatron

27

Basilica di Sant'Ambrogio

Seit 1338 ist der Heilige Ambrosius Schutzpatron von Mailand. Die Milanesi lieben und verehren ihn sehr. Das war schon zu seinen Lebzeiten so, denn der Bischof der Stadt engagierte sich sehr für die Ärmsten der Armen, überzeugte seine „Schäfchen" als begnadeter Prediger und legte sich sogar mit dem Kaiser an. Legendär sein Ausspruch, mit dem er sich gegen staatliche Übergriffe wehrte: „Der Kaiser steht innerhalb der Kirche, nicht über ihr!" Ambrosius führte beispielsweise das Singen der Gemeinde während des Gottesdienstes ein, weshalb er als „Vater der Kirchenmusik" bezeichnet wird. Auch der Text des Weihnachtsliedes, eines der ältesten überhaupt, „Komm, du Heiland aller Welt", stammt von ihm. Im Jahr 379 gab der Bischof den Bau der Basilica Martyrum in Auftrag. In dem 386 fertiggestellten Gotteshaus, nach dem Umbau im 11./12. Jahrhundert eines der bedeutendsten Beispiele italienischer Frühromanik, wurden in einem gläsernen Sarg in der Krypta die Gebeine der Märtyrer Gervasius und Potasius beigesetzt. Als Ambrosius am Karfreitag 397 starb, fand auch er hier seine letzte Ruhe.

TIPP
Das Museo della Basilica di Sant'Ambrogio zeigt u. a. wundervolle Gemälde, Wandteppiche und Mosaiken.

Um ihrer Wertschätzung Ausdruck zu verleihen, tauften die Mailänder die Kirche Basilica Sant'Ambrogio. Für viele Einheimische ist hier Gelegenheit, mit dem geliebten Stadtpatron ein stilles Zwiegespräch zu führen, ihm Sorgen zu erzählen und auf Lösungen zu hoffen. Wer möchte, besucht das einzige authentische Bild des Heiligen in der Kapelle San Vittore in Ciel d'Oro und berät sich mit ihm sozusagen von Angesicht zu Angesicht. Man kann aber auch einfach auf einer der Kirchenbänke Platz nehmen und genüsslich die herrlichen Kunstwerke bewundern. Wie beispielsweise den goldenen Altar (835) oder die schönen Mosaiken und bunten Malereien mit kirchlichen Motiven. Und bitte auf die Säule (links neben dem Eingang) mit der „Ringelnatter von Moses" achten. Befindet sich die Schlange an ihrem anberaumten Platz, hat man großes Glück gehabt. Kringelt sie sich hingegen auf dem Boden, ist der Weltuntergang nahe – so erzählt man es sich jedenfalls!

● Basilica di Sant'Ambrogio, Piazza Sant'Ambrogio 15, 20144 Mailand, Tel. +39 (2) 86 45 08 95, www.basilicasantambrogio.it
● ÖPNV: Metro M2, Haltestelle Sant'Ambrogio

Feinstes Einkaufsparadies

28

Kaufhaus La Rinascente beim Mailänder Dom

Ein paar Meter neben der wundervollen Galleria Vittorio Emanuele an der berühmten Piazza del Duomo liegt der Eingang zu einem Glücksort, wie er schöner und größer nicht sein könnte: das wundervolle Warenhaus La Rinascente. Als die Brüder Bocconi 1865 in Mailand ein Bekleidungsgeschäft eröffneten, konnte sicherlich noch niemand den späteren Erfolg vorhersehen: Aus bescheidenen Anfängen entwickelte sich eine Warenhauskette der gehobenen Klasse mit heute insgesamt elf Luxuskaufhäusern, u. a. in Rom, Palermo, Turin, Genua und Padua. Gegen Ende des Ersten Weltkrieges war die Firma, zu der auch das 1877 eröffnete Haus beim Mailänder Dom gehörte, beinahe insolvent. Der erfolgreiche Geschäftsmann Senatore Borletti erwarb die marode Firma. Aber ein neues Image musste dringend her! Als der berühmte Dichter Gabriele D'Annunzio mit der Findung eines neuen Namens beauftragt wurde, schlug er „La Rinascente" (die wiedergeboren wird) vor. Und so heißt das Einkaufsparadies bis heute.

Wer durch die glitzernde, schillernde Shopping-Hochburg schlendert, sollte ausreichend Zeit und Geld mitbringen. Denn auf sieben Etagen mit insgesamt rund 20.800 Quadratmetern gibt es schier endlos Glamouröses zu entdecken und zu bestaunen. Rund 1500 Luxusmarken sind vertreten und setzen ihre meist hochpreisigen Produkte gekonnt und traumhaft schön in Szene. Futuristisch anmutende Rolltreppen geleiten bequem von einem Stockwerk zum nächsten, im obersten laden einige Lokale zur lukullischen Pause ein. Von der Terrasse aus genießt man einen traumhaft schönen Ausblick auf den prächtigen Dom. Und dieser beeindruckende Panoramablick ist – trotz Luxuskaufhaus – glücklicherweise kostenlos. Macht ein Bummel durch das Rinascente glücklich? Was für eine Frage! Glück passt schließlich auch in kleine oder größere Einkaufstüten. Und so kann man es aus Mailand direkt mit nach Hause nehmen und dort vielleicht all die Glücksmomente wieder aufleben lassen – wunderbar!!

TIPP

Das imposante Reiterdenkmal aus Bronze auf der Piazza del Duomo zeigt Vittorio Emanuele II.

- La Rinascente, Piazza del Duomo, Via Santa Radegonda 10, 20121 Mailand, Tel. +39 (2) 91 38 73 88, www.rinascente.it
- ÖPNV: Metro M1, M2, M3, Haltestelle Duomo

VISTA ALEGRE
1824

Glück für alle Sinne

29 Giardini pubblici Indro Montanelli

Obwohl man es auf den ersten Blick nicht vermuten würde – Mailand hat etliche wundervolle, grüne, erholsame Glücksoasen. Beispielsweise den Parco Sempione nahe dem Castello Sforzesco, mit 386.000 Quadratmetern der größte der Stadt. Oder der wundervolle Parco Monte Stella, den der Architekt Piero Bottoni auf den Trümmern des Zweiten Weltkrieges errichtete und nach seiner Frau Stella benannte. Nicht zu vergessen den Parco delle Basiliche, der malerisch – nomen est omen – zwischen den Kirchen Sant'Eustorgio und San Lorenzo Maggiore gebettet ist. Mailands allererste Parkanlagen, die Giardini pubblici (öffentliche Gärten) und Giardini di Porta Venezia, entstanden nordöstlich des Zentrums in den Jahren 1782 bis 1786. Sie erstrecken sich – nach einigen Erweiterungen – über eine Fläche von 172.000 Quadratmetern und erfreut bis heute die Erholungssuchenden. 2002 wurde der Volksgarten nach dem italienischen Schriftsteller und Journalisten Indro Montanelli (1909–2001) umbenannt. Eine Statue im Park erinnert an den großen Wortjongleur, der gerne im Park entspannte.

Die Milanesi lieben ihren historischen Stadtpark mit seinen herrlichen jahrhundertealten Bäumen über alles. Während früher Familien einen Ausflug zu den damaligen Tierattraktionen wie Käfigen mit Affen und Giraffen unternahmen, kommt man heute hingegen, um sich zu erholen, zu joggen, zu skaten oder mit Freunden ein ausgiebiges Picknick zu genießen. Die jüngsten Besucher zieht es beinahe magisch an einen der spannenden Abenteuerspielplätze. Ältere Herrschaften treffen sich oft am romantischen See auf ein Schwätzchen und beobachten die eleganten Schwimmrunden der Schwäne oder das lustige Treiben der netten Schildkröten. Wer achtsam durch die verträumte Parkanlage schlendert, kann am Wegesrand viel entdecken: Springbrunnen, Wasserfälle, Bäche mit schwungvollen Brücken, künstlich angelegte grüne Hügel, kleine Cafés und geheimnisvolle Steingrotten. Ein berauschender Spaziergang mit unvergesslich schönen Impressionen, der trunken vor Glück macht und das Herz wunderbar beseelt.

TIPP

Die Pizzeria Nàpiz' Milano (Viale Vittorio Veneto 30) überzeugt mit leckeren Pizzen.

- Giardini pubblici Indro Montanelli, Via Palestro, 20121 Mailand
- ÖPNV: Metro M1, Haltestelle Porta Venezia oder Haltestelle Palestro

Traditionell lecker

30 Cantinetta del Brunello „Il Montalcino“

Im beliebten Stadtteil Navigli existiert eine alte Mailänder Institution, die seit 1978 nicht nur für Liebhaber traditioneller toskanischer Küche ein Glücksort ist: die Cantinetta del Brunello „Il Montalcino“. Bereits die exquisite Lage des Restaurants im schönen historischen Gebäude, direkt am verträumten Kanal, löst Glücksgefühle aus. Im Sommer lädt der romantische Garten vor dem Lokal seine Gäste ein. Hier diniert man zwischen uralten wunderschönen Olivenbäumen, die man unwillkürlich mit der Toskana assoziiert. Unzählige Lichterketten unter ausladenden Sonnenschirmen verbreiten abends warmes Licht. Ein grüner Pflanzenzaun schützt vor neugierigen Blicken vorbeiziehender Passanten. Bei schlechtem Wetter stehen mehrere Innenräume zur Verfügung, die wie gemütliche, klassisch ausgestattete, gediegene Wohnzimmer eingerichtet sind. Zauberhafte Malereien und prächtige Gemälde schmücken die Wände der unterschiedlich gestalteten Räumlichkeiten – etwas *old-fashioned,* aber im positiven Sinn. Zahlreiche Weinregale weisen auf eine weitere Bezeichnung des Gourmettempels hin: *fiaschetteria* (Weinhandlung).

Geschmackvoll eingedeckte Tische mit edlen Gläsern, flackernden Kerzen und schönem Porzellan signalisieren: Hier weilt man nicht in einem Fastfood-Imbiss, sondern an einem Ort, an dem lukullische Genüsse gepflegt werden. Hier bleibt man gerne einen Abend lang und genießt glücklich machende Kochkunst. Kurzum: Wer angenehme Atmosphäre, ausgezeichnete toskanische Küche, die passende Weinauswahl und freundlich-aufmerksamen, aber unaufdringlichen Service sucht, ist hier genau richtig! Unbedingt zu empfehlen sind das *stracotto con polenta* (Schmorbraten mit Polenta), das rund 5 Stunden lang geschmorte *ossobuco* und die *cappellacci* (eine Pasta-Art) mit Jakobsmuscheln und Garnelen. Beinahe schon Pflichtprogramm für Käseliebhaber ist die Platte mit sieben verschiedenen Peccorino-Sorten. Dann auf einen wundervollen Abend, der noch lange in bester Erinnerung bleibt!

TIPP

Damit der Abend auch entspannend und stressfrei beginnen kann, ist eine Reservierung empfehlenswert!

● Cantinetta del Brunello „Il Montalcino“, Via Valenza 17, 20144 Mailand, Tel. +39 (2) 8 32 19 26, www.ilmontalcino.it
● ÖPNV: Metro M2, Haltestelle Porta Genova

IL
MONTALCINO
CANTINETTA
DEL BRUNELLO

Eine Sonne, die immer scheint

31 Ruota Solare von Arnaldo Pomodoro nahe dem Dom

Mailand hat – wie jede Stadt dieser Dimension – zahlreiche Plätze unterschiedlicher Größe, die maßgeblich das Stadtbild beeinflussen. Wie die berühmte Piazza del Duomo, eingerahmt von herrlichen historischen Häuserfronten; oder die Piazzale Luigi Cadorna, die ab dem Jahr 2000 samt angrenzendem Bahnhof mit einem völlig neuen Outfit glänzt. Es gibt in Mailand aber nur einen Platz, der absolut einzigartig ist. Einzigartig deshalb, weil auf der Piazza Filippo Meda immer die Sonne scheint, und zwar an 365 Tagen im Jahr! Ja genau – richtig gelesen, auf der Piazza scheint auch die Sonne, selbst wenn es in der ganzen Stadt regnet. Bei dieser „Sonne" handelt sich um die Ruota Solare (Sonnenrad), eine runde, langsam rotierende und vergoldete Bronzescheibenskulptur. Mit einem Durchmesser von 4,5 Metern steht sie auf einem Grashügel und bildet dort einen wunderbaren Kontrast zum Grün des Rasens. Das beeindruckende Kunstwerk wurde von 1972 bis 1980 vom renommierten italienischem Bildhauer Arnaldo Pomodoro gefertigt. Der Künstler ist seit 1954 in Mailand ansässig und gilt als einer der bedeutendsten Bildhauer der italienischen Nachkriegskunst. Seine abstrakte Handschrift ist unverwechselbar: Auch beim Sonnenrad können neugierige Betrachter das Innere der zum Teil aufgebrochenen Scheibe erleben und nicht schlecht staunen. Zahllose Zylinder, Würfel, Quader, Kegel und andere geometrische Formen gibt es zu entdecken. Wie Ameisenstraßen ziehen sich die geöffneten Risse durch die Bronzefigur und regen die Fantasie an: Ist das vielleicht die moderne Interpretation des „Vitruvianischen Menschen" von Leonardo da Vinci? Oder gleicht das Kunstwerk – nachts beleuchtet – einem Ufo, das versehentlich auf der Piazza gelandet ist? Oder ist es einfach nur die Sonne, die mit ihrer dynamischen Energie Vorbeiziehende beglückt und die nie untergeht? Einfach für sich selbst herausfinden! Von der Ruhebank aus, direkt neben der Skulptur, geht das am besten – viel Spaß dabei!

TIPP

Die Fondazione Arnaldo Pomodoro bietet u. a. Führungen durch das Künstleratelier (Via Vigevano 3) an.

- Ruota Solare, Piazza Filippo Meda, 20121 Mailand
- ÖPNV: Metro M1, M2, M3, Haltestelle Duomo

Hongkong liegt in Mailand

32 Ristorante Hekfanchai im Stadtteil Brera

Die Mailänder Küche ist reich an lukullischen Köstlichkeiten, wie dem *risotto alla milanese,* ein mit Parmesan und Safran verfeinerter spezieller Reis, dessen Zubereitung dem Koch pures Feingefühl abverlangt. Auch die köstliche *cotoletta alla milanese,* ein gebratenes paniertes Kalbsfleischkotelett, hat es auf internationale Speisekarten geschafft. Ebenso die Mailänder Kalbshaxe, der legendäre *ossobuco alla milanese,* ein Must-have der Mailänder Küche, bei dem das Fleisch in Begleitung u. a. von Tomaten stundenlang schmort. Obwohl die Mailänder ihre Küche lieben und schätzen, zeigen sie sich neuen Geschmacksrichtungen offen gegenüber. Ob die Beurteilung dann vernichtend mit „einmal und nie wieder" oder „immer wieder gerne" ausfällt, steht auf einem anderen Blatt.

TIPP

Wer in Mailand in einer Ferienwohnung übernachtet, kann sich die Gerichte auch liefern lassen!

Auch das kleine modern und schlicht eingerichtete Ristorante Hekfanchai machte bei seiner Eröffnung 2022 diese Erfahrung und wurde nicht „für gut" befunden, sondern mit „wirklich ganz ausgezeichnet" bewertet. Mitten im Stadtteil Brera wird etwas geboten, was absolut einmalig in ganz Mailand ist: echte Hongkonger Küche, eine gekonnt-gewagte Fusion aus Hongkong mit Elementen von rund 150-jähriger Kolonialgeschichte. Das chinesische Wort *hekfan* bedeutet „Essen", *chai* „jung" – also „junges Essen". Dieser spannende komplexe Mix aus Tradition und Moderne avancierte rasch zu einem der lukullischen Lieblingsorte experimentierfreudiger Einheimischer. Angeboten werden hauptsächlich Streetfood-Speisen, eine Hommage an die Hongkonger Garküchen. Die Gerichte, wie beispielsweise *Dim Sum* („das Herz erwärmen" oder „das Herz berühren" oder „kleine Köstlichkeiten"), die man vielleicht mit Tapas vergleichen könnte, sind wahre Geschmacksexplosionen und wunderschöne farbenfrohe Highlights zugleich. Bei der „Kaskade von gebratenen Nudeln in schwarzer Pfeffersauce an Gemüse" schweben über der fallenden Pasta Essstäbchen – fantastisch! Ist das nicht pure Magie? Nein, „nur" exzellentes Essen, das einfach glücklich macht und ein optischer Hingucker ist.

- Ristorante Hekfanchai, z. B. Via Padova 3, 20127 Mailand, Tel. +39 (2) 39 56 15 00 www.hekfanchai.it
- ÖPNV: Metro M1, Haltestelle Loreto

Securit

Dem Meister zu ehren

33

Monumento a Giulio Ricordi nahe dem Dom

Wer an der weltberühmten Scala vorbeischlendert, trifft gleich danach eine großartige Mailänder Persönlichkeit, deren Leben von Musik dirigiert wurde und die ein Glücksfall für viele Musiker verkörperte. Denn Giulio Ricordi (1840–1912) war nicht nur Komponist, sondern vor allem erfolgreicher Musikverleger. Nachdem er 1888 den Musikverlag vom Vater übernommen hatte, entwickelte Ricordi das kleine Familienunternehmen schrittweise mit Um- und Weitsicht fort. Die Casa Ricordi war geschäftlich vom Glück gesegnet und besteht bis heute. Giulio Ricordi schrieb mit seinem untrüglichen Gespür für musikalische Talente italienische Musikgeschichte. Er brachte viele ganz groß heraus, wie Giacomo Puccini, der zu einem engen und vertrauten Freund werden sollte und mit dem er bis zu seinem Lebensende zusammenarbeitete. Oder Giuseppe Verdi, Gaetano Donizetti und Amilcare Ponchielli, der als Dozent am Mailänder Konservatorium u. a. Puccini in die unerschöpflich weite Welt der Musik einwies.

Dass genau auf dem Platz vor der Scala 2016 die marmorne Statue von Ricordi aufgestellt wurde, ist kein Zufall. Von hier aus betrachtet der Meister sein geliebtes Opernhaus. Zum andern hat er hier Rückendeckung (wörtlich zu nehmen) vom Casino Ricordi, einem historischen Palast direkt neben der Scala, in dem sich heute ein sehenswertes Theatermuseum befindet. Selbst wenn man den Musikverleger (noch) nicht kennt, begeistert die filigrane Leichtigkeit der Gedenkstatue, ein Werk des Bildhauers Luigi Secchi. Das verschmitzte glückliche Lächeln, seine wissenden verständnisvollen Augen, der damals modische Spitzbart, die große Nase, mit der er zeit seines Lebens einen guten Riecher hatte, die leicht geneigte Kopfhaltung, Zeichen dafür, dass der Meister auch gut zuhören konnte, filigrane Hände und die gekonnte Lässigkeit, mit der er in typischer Pose elegant auf dem Sockel sitzt. Beinahe schon erwartet man, dass Ricordi hiervon herabsteigen und in seinen Verlag gehen könnte, um weitere junge Talente glücklich zu machen.

TIPP

Auf dem Bürgersteig vor der Statue liest man die Namen derer, die mit Ricordi zusammenarbeiteten.

- Monumento a Giulio Ricordi, Piazza della Scala 5, 20121 Mailand
- ÖPNV: Metro M1, M2, M3, Haltestelle Duomo

Mit kleinen Ohren

34

Davenia Alimentari Specialità pugliesi

Ob man den wundervollen kleinen Lebensmittelladen als ein typisches Feinkostgeschäft bezeichnet, muss jeder für sich entscheiden. Von den Preisen her sicherlich nicht! Aber Davenia ist erste Adresse in Mailand, wenn es um traditionelle Produkte aus Apulien geht. Die Region im Süden Italiens ist für ihre einfache, aber köstliche Küche mit frischen lokalen Zutaten bekannt. Das Sortiment des Geschäfts spiegelt das wider und bietet u. a. *taralli* (Kekse mit Fenchel, Pfeffer oder Mohn), *orecchiette* („kleine Ohren", hausgemachte ohrenförmige Pasta) oder EVO-Öl (Extra Virgin Olive Oil), den Kaiser unter den Olivenölen. Nicht zu vergessen der traditionelle *pane di altamura*, ein innen luftiges und außen knuspriges Brot, das zu beinahe jeder lukullischen apulischen Spezialität gereicht wird. Diese goldgelb gebackene Rarität wurde übrigens 2003 als erstes europäisches Produkt mit dem DOP-Siegel (geschützte Ursprungsbezeichnung in der Kategorie Brot und Backwaren) ausgezeichnet.

TIPP

Im WokStore (Viale Col di Lana 5/A) findet man stylische Mode, u. a. von Avantgarde-Designern.

Da das Brot wegen seines vorzüglichen Geschmacks und der langen Haltbarkeit meist schnell ausverkauft ist, reserviert die zahlreiche Stammkundschaft deshalb rasch und hat damit einen neuerlichen Grund, tags darauf wieder vorbeizuschauen. Denn in dem Geschäft geht es um viel mehr! Es ist ein nachbarschaftlicher Treffpunkt. Hier fachsimpelt man an der Theke, welche der absolut frischen Mozzarella-Sorten in beachtlicher Auswahl zu welchem Gericht am besten konveniert. Oder man lässt sich beraten, welche apulischen Köstlichkeiten in den Geschenkkorb für die Kollegen passen würden. Im Geschäft herrscht ein lebendiges Miteinander. Aber alle verbindet das Wissen darüber, dass gutes Essen aus hochwertigen Zutaten glücklich macht. Zum Abschied kokettieren die appetitlich glänzenden Kirschtomaten auf der goldbraun gebackenen Focaccia so zauberhaft – man kann einfach nicht widerstehen! Ein Stück auf die Hand und genussvoll reinbeißen. Und wieder mal ist – sogar live – bewiesen, dass leckeres Essen glücklich macht.

● Davenia Alimentari Specialità pugliesi, z. B. Corso San Gottardo 37, 20136 Mailand, Tel. +39 (366) 2 64 72 75, www.davenia.it
● ÖPNV: Metro M2, Haltestelle Darsena

ALITÀ Pugliesi
DAVENIA
MOZZA
Gastronomia Pugliese
DAVENIA

Viele Bücher und das Meer

35

La Libreria del Mare nahe der Metrostation Lanza

Was die wenigstens wissen: Mitten in Mailand gibt es ein Meer – und das schon seit über 40 Jahren! Allerdings kein richtiges Gewässer; die Libreria del Mare ist eine Buchhandlung, die sich ausschließlich dem Thema Kultur des Meeres verschrieben hat. Gegründet wurde dieser wundervolle Rückzugsort während der 1970er-Jahre in den historischen Räumlichkeiten eines ehemaligen Tante-Emma-Ladens. Damals ein sehr mutiges Unterfangen, denn bis dahin existierten nur wenige Veröffentlichungen hierzu. Aber Enthusiasmus und Leidenschaft, gepaart mit viel Herzblut und Liebe, ließen sich nicht stoppen. Aus der ehemals winzigen Buchhandlung, der bereits vor Eröffnung bei der nächsten Flut der Untergang prognostiziert wurde, entstand ein erlebenswertes Eldorado für jene, deren großes Interesse dem Meer und allem, was mit Seefahrt zusammenhängt, gilt. Hier riecht man förmlich das Meer und hört das Rauschen der Wellen. Die antike Einrichtung aus dunklem Holz erinnert an das Innere eines historischen Segelkutters. Also gehen wir an Bord!

Empfangen wird man im gemütlichen, einladenden Schiffssalon, der mit unzähligen Büchern in Kommoden und Regalen aufwartet. Aber auch kleine Geschenke wie Schlüsselanhänger, Windlichter, Kalender und Plakate gibt es zu entdecken. Unzählige Gemälde, Zeichnungen und Stiche, auf denen u. a. alte Schiffsmodelle, historische Landkarten oder Portraits berühmter Kapitäne zu sehen sind, schmücken die Wände. Beeindruckend umfangreich ist auch die Auswahl an Büchern und Bildbänden, beispielsweise zu den Themen Tauchen, Aquarien, Meeresbiologie, Wassersport, Navigation und Schiffsbau. Selbst wenn man bislang keine Wasserratte war, hier macht es einfach Spaß, in aller Ruhe zu stöbern. Zum einen, weil die Verweilatmosphäre ausgesprochen angenehm ist, zum anderen, weil die Buchhandlung durch liebevoll ausgesuchte Vielfältigkeit überzeugt. Zweiflern sei noch verraten: Es gibt eben doch ein herrliches Meer im Herzen von Mailand, übrigens auch für Landratten geeignet!

TIPP

Jedes Jahr im Oktober findet das Ocean Film Festival Italia statt, u. a. auch in Mailänder Kinos.

- La Libreria del Mare, Via Broletto 28, 20121 Mailand, Tel. +39 (2) 86 46 44 26 www.libreriadelmare.it
- ÖPNV: Metro M1, Haltestelle Cordusio; Metro M2, Haltestelle Lanza

libreria del Mare
OCEANI

Klein, aber fein

36

Arcadia Art Gallery im Navigli-Viertel

Einst waren die Navigli (Kanäle) wichtige Verkehrsadern, die Mailand mit dem Lago Maggiore und dem Fluss Po und dadurch mit der Adria verbanden. Über ein ausgeklügeltes Schleusensystem, an dem der geniale Architekt Leonardo da Vinci maßgeblich beteiligt war, gelangten die Frachtschiffe bis ins Zentrum der Metropole. Als sich der Zeitgeist Ende des 19. Jahrhunderts änderte und die Kanäle als dreckig und stinkend galten, wurden sie einfach zugeschüttet. Bis auf den Naviglio della Martesana, den Naviglio Grande und den Naviglio Pavese. Die historischen Häuser boten früher Arbeiterfamilien Wohnraum und werden heute von Kreativen zu neuem Leben erweckt. Das Navigli-Viertel hat sich zu einem Treffpunkt innovativer moderner und außergewöhnlicher Kunst entwickelt. Die zahlreichen großen und kleinen Galerien mit ihren unterschiedlichen Kunstrichtungen beweisen es.

TIPP

Auch die M. A. D. S. Art Gallery (Corso San Gottardo 18) überzeugt mit innovativen Kunstkonzepten.

Eines dieser kreativen Kleinode ist die kleine Arcadia Art Gallery, die malerisch direkt am Naviglio Grande liegt. Dieses Wohnzimmer für Kunst und Kultur hat es sich zur Aufgabe gemacht, hauptsächlich jungen, aufstrebenden Künstlern ein Forum zu bieten. Da der Geschäftsinhaber zugleich Antiquitätenhändler ist, gibt es zusätzlich noch moderne Antiquitäten vom Anfang des 20. Jahrhunderts bis zu den 1980er-Jahren zu entdecken. Spannende Ausstellungen von Vertretern der jungen innovativen Kunstszene ergänzen das vielfältige Ausstellungsprogramm. Und genau diese gekonnte Mischung ist es, die bei den Besucherinnen und Besuchern gut ankommt, glücklich macht und verzaubert. Hier geht es nicht um berühmte Szenenamen, sondern „nur“ um Kunst. Deshalb kann man hier intuitiv handeln und sich seinen Favoriten nach persönlichem Gusto aussuchen. Gottlob sind die Preise so verträglich, dass man sich ein schönes Andenken an seinen Mailand-Trip auch mit nach Hause nehmen und dort tagtäglich erleben kann, was wissenschaftliche Studien längst bewiesen haben: Kunst macht glücklich!

- Arcadia Art Gallery, Ripa di Porta Ticinese 61, 20143 Mailand, Tel. +39 (2) 8 37 57 87 www.arcadiartgallery.com
- ÖPNV: Metro M2, Haltestelle Porta Ticinese

Bitte Platz nehmen

37

Monumento a Sandro Pertini

Das Modeherz Mailands schlägt in der Altstadt. Und zwar in der Quadrilatero della Moda, einem luxuriösen Einkaufsviertel mit den teuersten und luxuriösesten Modehäusern. Wie beispielsweise an der berühmten Via Monte Napoleone. Auch wenn der Geldbeutel dafür vielleicht nicht ausreichend gefüllt ist, lohnt sich ein Bummel auf dieser Flaniermeile allemal, denn die kreativ gestalteten Schaufenster locken mit ihren zauberhaften und ausgefallenen Dekorationen, besonders zur Weihnachtszeit. Auch die noble Via Alessandro Manzoni zählt zu den Topadressen exquisiter Mode.

Exakt an der Kreuzung der beiden Luxusmeilen endet die Fußgängerzone in der Via Croce Rossa. Dieser angenehm breit und offen angelegte Boulevard macht ebenfalls neugierig auf Shoppingtouren, auch deshalb, weil die Geschäfte obendrein für den „normalen“ Geldbeutel attraktiv sind. Es gibt auch viel zu sehen und zu erleben. Kleine Erholungspause in ausgefallenem Ambiente gefällig? Bitte sehr: Am Schnittpunkt der drei genannten Straßen befindet sich das 1990 eingeweihte Marmordenkmal für Sandro Pertini, dem siebten Präsidenten der italienischen Republik. Die Frage, was es mit einem Erholungsort zu tun hat, beantwortet sich rasch und selbsterklärend, sobald man davorsteht: Malerisch eingerahmt von herrlichen Maulbeerbäumen besteht das Monument aus einem 8 Meter hohen Würfel, dessen vierte Seite offen und durch eine Treppe begehbar ist. Und genau auf diesen Stufen lässt es sich wunderbar ausruhen. Es macht glücklich, hier länger zu verweilen, weil man von jeder Treppenstufe aus bestens das pulsierende Leben beobachten kann. Beruhigend daran: Man befindet sich außerhalb des oft hektischen Strudels und kann sich von den obersten Stufen aus erhaben über allem fühlen. Perfekte Voraussetzungen, um wieder Energien für weitere Sightseeing-Touren zu sammeln, die man sogleich – frisch gestärkt – in die Realität umsetzt. Endlich mal ein Denkmal, das somit allen nützt. Sozusagen ein Glücksfall unter den Monumenten.

TIPP

An der Rückseite des Denkmals befindet sich ein Brunnen, an dem man seine Wasserflasche auffüllen kann.

- Monumento a Sandro Pertini, Via Croce Rossa, 20121 Mailand
- ÖPNV: Metro M3, Haltestelle Turati

Besuch im duftenden Paradies

38 Clori Fiori im Süden der Altstadt

Ein Spaziergang über den zauberhaften Piazza Sant'Eustorgio ist wie ein Ausflug in eine längst vergangene Zeit. Der wundervolle Platz mit seinen alten Bäumen, die viele Geschichten erzählen, strahlt unfassbar viel Ruhe und Frieden aus und lädt mit lauschig gelegenen Bänken zu einer Rast ein. Flankiert wird die bezaubernde Ruheoase von der prächtigen Basilika Sant'Eustorgio, eine der ältesten Kirchen der Stadt, die unbedingt einen Besuch wert ist. Gegenüber dem imposanten Gotteshaus zieht sofort ein kleiner Laden in einem historischen Gebäude alle Blicke auf sich. Zahllose, unterschiedlich große und mit blühendem Grün liebevoll bepflanzte Blumentröge sind malerisch vor der alten Hausfassade drapiert. Zusammen mit schmiedeeisernen Sitzmöbeln geben sie schweigend Antwort darauf, worum es in diesem Laden geht. Auch die sich um den Eingang üppig rankenden Klettergewächse verraten: Hier sind Grünpflanzen und Blumen die Protagonisten.

Wer durch das verheißungsvolle Tor ins grüne Paradies schreitet, betritt eine traumhaft schöne Location, in der es viel zu entdecken gibt. Aus der einstigen dunklen und verwahrlosten Werkstadt der Jahrhundertwende wurde 2015 ein erlebenswerter Raum geschaffen, in dem Fantasie, Schönheit und unwahrscheinliche Kreativität wie ein fulminantes Feuerwerk beeindrucken. Es ist ein Ort für zahllose Ideen, eine schier unerschöpfliche Inspiration für große und kleine Blütenträume. Neben der einzigartigen glücklich machenden Atmosphäre begeistern die farbenfrohen geschmackvollen Blumenarrangements. Individuelle Wohnaccessoires wie antike Spiegel, Windlichter, Tischdecken, Kerzen und Vasen ergänzen das reichhaltige duftende Angebot. Mit oder ohne Geschichte – ganz nach persönlichem Geschmack. Das Clori ist ein wahrlich positiver Ort, an dem die Seele sich zuhause fühlt und das Herz glücklich schlägt. Es ist ein kleines, wohlriechendes Paradies, angefüllt mit faszinierenden Impressionen und abseits vom hektischen Alltag.

TIPP

Wer seine Vermieter mit einem Blumenstrauß überraschen möchte: Das Clori liefert auch per Rad aus.

● Clori Fiori, Via Santa Croce 21, 20122 Mailand, Tel. +39 (2) 3 95 25 74
www.clorimilano.it
● ÖPNV: Metro M3, Haltestelle Missori

VIA
SANTA CROCE
Fiori

Schöne Vergänglichkeit

39

Cimitero Monumentale nahe Porta Garibaldi

Der Tipp, in Mailand unbedingt den Cimitero Monumentale (Monumentalfriedhof) zu besuchen, erscheint auf den ersten Blick etwas ungewöhnlich. Doch wer einmal dort war, wird diesen Aufenthalt sein Leben lang nicht vergessen – versprochen! Denn das rund 25 Hektar große, sehr gepflegte Gelände bietet ganz großes Kino! Es ist ein riesiges Freilichtmuseum mit unzähligen monumentalen Beispielen grandioser Bestattungskunst aus der Mitte des 19. Jahrhunderts bis zur Mitte des 20. Jahrhunderts. Da diese 1866 eingeweihte letzte Ruhestätte nur für reiche und berühmte Mailänder Persönlichkeiten reserviert war, übertreffen sich die fantastischen Grabanlagen gegenseitig an Prunk und Pomp. Berühmte Bildhauer wie Arturo Martini oder Ernesto Bazzaro wurden mit ihrer Realisierung beauftragt. Geld spielte keine Rolle, nur extravagant und auffallend musste das Endergebnis sein. So wie das Grab der Familie Toscanini, ein mit zauberhaften Jugendstilmotiven verzierter riesiger Quader aus Carrara-Marmor, oder die Ruhestätte der Familie Campari (Erfinder des berühmten Aperitivo), die „Das letzte Abendmahl" mit lebensgroßen Figuren aus Bronze darstellt – sehenswert! Oder das imposante, zylindrische Grabmal der Familie Motta, gefertigt aus Granitblöcken, das an eine moderne Kapelle in Form des weltberühmten *panettone* (Kuchen) erinnert, der im Haus Motta erfunden wurde. Beim Bummel über den Friedhof (Trinkwasser mitnehmen!) ist man nie allein. Stets begleiten die Gäste Engel, Statuen mit lachenden oder weinenden Gesichtern, aber auch erotische Frauendarstellungen (obwohl katholischer Friedhof!). Es macht glücklich, erleben zu dürfen, mit welcher Grandezza und Leichtigkeit hier mit dem Tod umgegangen wird. Humor, Selbstironie und Erinnerungen an glückliche Zeiten sind untrennbar mit dem Lebensende verbunden. Der Tod gehört nun mal zum Leben, aber wenn er sich so schön präsentiert, kann er vielleicht doch nicht so schlimm sein!

TIPP

Am Trinkwasserbrunnen auf der Piazzale Cimitero Monumentale kann man kostenlos seine Wasserflasche auffüllen.

- Cimitero Monumentale, Piazzale Cimitero Monumentale, 20154 Mailand
www.comune.milano.it
- ÖPNV: Metro M2, Haltestelle Garibaldi; Tram 2, 4, 33, Haltestelle Farini; Bus 70, Haltestelle Ceresio

2 Kilometer Bücher

40

Libreria Hoepli im Centro Storico

Es gibt Läden, die üben eine magische Anziehungskraft aus, der man sich unmöglich entziehen kann. Zwischen dem Dom und der Scala befindet sich ein solch wundervoller Ort, der mit einer über 40 Meter langen Schaufensterfront gekonnt seine Besucher anlockt. Die Rede ist von der Buchhandlung Hoepli in der gleichnamigen Straße, ein wahres Eldorado – nicht nur für eingefleischte Bücherwürmer. Das Unternehmen, eine der größten Buchhandlungen Italiens, beeindruckt mit Superlativen: Die Gesamtfläche, verteilt auf fünf Etagen, beträgt über 2000 Quadratmeter. Würde man die Regale aneinanderreihen, käme man auf eine Streckenlänge von rund 2 Kilometern! Mehr als 100.000 Bücher wollen von der neugierigen Leserschaft entdeckt werden.

Gegründet wurde das Geschäft 1871 von dem Schweizer Buchhändler Ulrich Hoepli (1847–1935), genau an der Stelle, an der es bis heute zu finden ist. Da die Mailänder sich mit seinen Vornamen Ulrich etwas schwertaten, wurde daraus Ulrico. Hoepli war auch ein großer Mäzen, der gerne andere an seinem Glück teilhaben ließ. So spendierte er der Stadt die herrliche Sternwarte. Der zur Buchhandlung gehörende Verlag bringt jährlich rund 300 neue Werke heraus. Heute steht in fünfter Generation erstmalig eine Frau an der Spitze des erfolgreichen Unternehmens. Doch was genau ist so einzigartig an dieser Buchhandlung? Sicherlich ist es die immense Auswahl gedruckter Werke, die glücklich macht. Und natürlich die kompetente und freundliche Beratung der Fachkräfte, bei denen man sofort ihre große Liebe und Begeisterung zum Medium Buch spürt. Und nicht zuletzt die ausgesprochen angenehme positive Verweilatmosphäre, die das Rundherum-glücklich-Paket komplettiert. Lesen reduziert Stress, erweitert die Allgemeinbildung, fördert Kreativität und verbessert das Gedächtnis. Aber vor allem macht Lesen Spaß und glücklich. Auch wegen dieser unschlagbaren Argumente ist ein Besuch im Elysium der gedruckten Buchstaben beinahe schon ein Muss!

TIPP

Der erste Stock der Buchhandlung ist für abwechslungsreiche Events reserviert.

- Libreria Internazionale Ulrico Hoepli, Via Ulrico Hoepli 5, 20121 Mailand, Tel. +39 (2) 86 48 71, www.hoepli.it
- ÖPNV: Metro M1, M3, Haltestelle Duomo und Haltestelle San Babila

HOEPLI
LIBRERIA INTERNAZIONALE
HOEPLI

Don't dream it, be it

41

Cinema Mexico im Stadtteil Zona Tortona

Nomen est omen: Das Cinema Mexico Rocky Horror House verrät mit seinem Namen, was es ist: ein Kino und ein Rocky Horror House. Das kleine Lichtspielhaus liegt in der abwechslungsreichen Via Savona. Für begeisterte Mailänder Cineasten ist es ein absoluter Glücksort, wenn es um Filme in der Originalversion geht. Hier werden aber auch Filme gezeigt, die nicht mit dem üblichen Mainstream schwimmen, sozusagen echte cineastische Raritäten der nationalen und internationalen Kinoszene, oftmals auch zeitlose Filmklassiker, für die große Leinwand wiederentdeckt. Auch die Eintrittspreise machen glücklich, denn sie sind ausgesprochen moderat, wobei die zahlreichen Kinofans meist im Besitz einer noch günstigeren 10er-Karte sind. Der Vorführraum gleicht einem gemütlichen Wohnzimmer mit sehr bequemen Sitzen und einem Soundsystem allererster Sahne. Beste Voraussetzungen also für einen gelungenen unterhaltsamen Abend mit großen Emotionen, die nur das Kino vermitteln kann.

Seit 1981 verwandelt sich das Kino in regelmäßigen Abständen in ein Theater. Gezeigt wird die legendäre „Rocky Horror Picture Show“ (nach dem Kultfilm von 1975). Das grandiose, verrückte Stück genießt in Mailand echten Kultcharakter. Während der Aufführung singen leidenschaftliche Fans – fast alle Wiederholungstäter – lautstark und textsicher mit, stilgerecht im Kostüm ihrer jeweiligen Lieblingsfigur kostümiert. Auch die Choreografie zum fetzigen Rocksongs „Time Warp“ beherrscht man natürlich einwandfrei. Aus den Zuschauern werden Schauspieler und die Schauspieler werden fast zu Zuschauern. Das ganze Kino gleicht einem brodelnden Vulkan, der kurz vor dem Ausbruch steht. „Don’t dream it, be it“ – mit diesem Ohrwurm verlässt man vom ausgelassenen Mittanzen und Mitsingen ziemlich ausgepowert das Theater und stellt zufrieden fest: Nur weniges kann uns derart mit Glück erfüllen wie Musik! Und singen verstärkt diese wunderbare Wirkung noch. Also nix wie hin und Glück live erleben!

TIPP

Im Anschluss kann man im benachbarten Ristorante Fiore (Via Savona 59) einkehren.

- Cinema Mexico, Via Savona 57, 20144 Mailand, Tel. +39 (2) 48 95 18 02 www.cinemamexico.it
- ÖPNV: Bus 68, Haltestelle Piazza del Rosario

NEMA MEXIC
HE ROCKY HORROR HOUSE
OGGI APERTURA ore 15.00
www.cinemamexico.it
THOMAS GIORIA
FANTINE HARDUIN
BENOIT POELVOORDE
L' AMORE, O NIENTE.
ADORAZIONE
UN FILM DI FABRICE DU WELZ
EVENTO SPECIALE
SABATO 21 MAGGIO
ORE 21.30
www.cinemamexico.it
ORARI
15.30
17.30
19.30
21.30
DOLBY STEREO
BOSE
www.cinemamexico.it
DOLBY STEREO
BOSE

Glück auf dem Teller

42

Risotto alla Milanese in der Casa Fontana

In Sachen Kulinarik macht der Hauptstadt der Lombardei so schnell keiner was vor! Mailand ist berühmt für typische lukullische Spezialitäten, deren Genuss einfach nur glücklich macht. Hierzu zählen u. a. der *minestrone alla milanese,* eine etwas eingedickte Gemüsesuppe mit Reis als Einlage, oder die *cotoletta alla milanese,* ein paniertes Kalbskotelett, das nachweislich bereits im Jahr 1148 zu den Lieblingsessen der Mönche der Basilica Sant'Ambrogio zählte. Ein weiteres sinnliches Vergnügen ist das legendäre *risotto alla milanese,* das bereits optisch mit seiner goldgelben Farbe verführt.

Der Bedarf nach dieser cremigen Spezialität ist so immens, sodass sich einige Betriebe auf diese glücklich machende Köstlichkeit spezialisiert haben. Hierzu zählen das Ristorante El Brellin, die Trattorien da Abele und Casa Fontana. Letztere bietet sage und schreibe 23 Risottovarianten an. Und jetzt für all jene, die sich zuhause nach Mailand sehnen oder sich an den Aufenthalt in dieser beeindruckenden Stadt erinnern möchten, hier das Originalrezept für das *risòtt giald* (gelbes Risotto), wie man in Mailand sagt, das garantiert glücklich macht: Als Reis ist der Vialone Nano zu empfehlen, da er etwas mehr Stärke besitzt als andere Sorten und daher besonders cremig wird. Gehackte Zwiebeln in einen Kupfertopf (wegen der optimalen Wärmeleitung) geben, in Butter und Rindermark erhitzen. Anschließend den Reis hinzufügen und kurz andünsten lassen. Danach mit selbstgemachter Rinder- oder Gemüsebrühe immer wieder aufgießen und so lange vorsichtig, gefühlvoll rühren (nur mit Holzlöffel!), bis der Reis weich ist. Kurz zuvor eingeweichte Safranfäden hinzugeben. Zum Schluss noch etwas frisch geriebenen Parmesankäse und Butter einrühren, mit Salz und Pfeffer würzen. Unbedingt heiß servieren, da sich sonst das Knochenmark wieder verfestigt. Wer möchte, dekoriert die Mitte des Risottos mit roten Chilifäden und frischen grünen Basilikumblättern – das Auge isst schließlich mit!

TIPP

Verschiedenste Risottosorten sind im Kaufhaus La Rinascente nahe dem Dom erhältlich.

● Trattoria Casa Fontana, Piazza Carbonari 5, 20125 Mailand, Tel. +39 (2) 6 70 47 10
www.23risotti.it
● ÖPNV: Tram 5, Haltestelle Piazza Carbonari

Caspar, Melchior, Balthasar

43

Basilica di Sant'Eustorgio nahe der Darsena

Im Süden der Altstadt liegt eine Kirche, deren Turm mit einer Höhe von knapp 80 Metern der höchste der Stadt ist. Die Uhr an diesem Teil des asymmetrischen Gotteshauses zeigt seit 1305 zuverlässig die Zeit an und ist damit Italiens ältestes öffentliches Chronometer. Doch die Basilica di Sant'Eustorgio, eine der ältesten Kirchen der Stadt, kann noch mit einer weiteren Besonderheit aufwarten: Den Glockenturm ziert nicht – wie sonst üblich – ein Kreuz, sondern ein achtzackiger Stern. Ein Hinweis auf die Heiligen Drei Könige, die hier ihr Zuhause gefunden haben sollen! Und das kam so: Eustorgius, ab 344 Bischof von Mailand, bekam von Kaiser Konstantin II. aus Konstantinopel ein überaus wertvolles Geschenk überreicht: die Reliquien der Heiligen Drei Könige. Über Jahrhunderte hinweg war die Basilica für die Heiligen gut behütete Heimat. Das änderte sich im Jahr 1162 schlagartig, als Kaiser Friedrich Barbarossas Truppen plündernd durch die Stadt zogen und Mailand sich anschließend unterwarf. Als Barbarossa von dem wertvollen Schatz erfuhr, stahl er kurzerhand die Reliquien und ließ sie im Kölner Dom aufbewahren. Nach zähen Verhandlungen durften sich die Mailänder 1903 endlich wieder glücklich fühlen, da wenigstens einige der Reliquien der Stadt zurückgegeben wurden und heute in einer Urne in der Cappella dei Magi (Kapelle der Heiligen Drei Könige) aufbewahrt werden. Daneben steht der Sarkophag, in dem die Reliquien einst von Konstantinopel nach Mailand gebracht wurden.

TIPP

In der Portinari-Kapelle befinden sich das Grab des Heiligen Pietro da Verona und farbenfrohe Fresken.

Für viele Milanesi ist die schmucke Kapelle ein purer Glücksort, den sie regelmäßig besuchen, da sie dort „ihren" über alles geliebten und hoch verehrten Heiligen Drei Königen ganz nah sein können. Einer der wichtigsten Termine im Mailänder Kalenderjahr ist bis heute der 6. Januar. An diesem Tag findet der Corteo dei Magi (Prozession der Heiligen Drei Könige) statt, dessen Geschichte bis in das Mittelalter zurückreicht. Diese feierliche Prozession in historischen Kostümen beginnt auf dem Domplatz und führt zur Basilica. Was für ein farbenprächtiges Schauspiel!

- Basilica di Sant'Eustorgio, Piazza Sant'Eustorgio 1, 20122 Mailand, Tel. +39 (2) 58 10 15 83, www.santeustorgio.it
- ÖPNV: Metro M1, M3, Haltestelle Piazza le Cantore

Kunst, die anregt

44 Torre a Spirale im Brera-Viertel

In Mailand trifft man an allen Ecken auf ganz unterschiedliche Kunstwerke. Nicht nur in den unzähligen Museen und Kirchen, sondern auch im öffentlichen Raum. Gezielt platzierte Kunstobjekte tragen zum unverwechselbaren, einmaligen Charakter beispielsweise historischer Plätze bei und schaffen somit eine angenehme Verweilatmosphäre. Das Spannende in Mailand ist, dass sich zu den historischen Zeitzeugen auch neu kreierte Kunst hinzugesellt und sich so die Stadt stetig verändert. Es macht Spaß, durch die Metropole zu stromern und neue Kunst zu entdecken.

Hierzu zählt beispielsweise der 2010 aufgestellte Torre a Spiral (Spiralturm) des Künstlers Arnaldo Pomodoro, der aus dem Platz vor dem Piccolo Teatro Strehler (Largo Antonio Greppi 1) eine neue, gern genutzte Begegnungsstätte geschaffen hat. Der 1926 geborene Künstler lebt und arbeitet seit 1954 in Mailand. Sein Atelier befindet sich in der Via Vigevano 3 und kann im Rahmen einer Führung sogar besichtigt werden. Er zählt zu den bedeutendsten Vertretern italienischer Nachkriegskunst. Unverwechselbare Merkmale seiner Objekte sind geometrische Formen. Sein Lieblingsmaterial Bronze diente auch zur Fertigung des ca. 5,50 Meter hohen Torre a Spirale. Die polierte Oberfläche ist an bestimmten Stellen mit unterschiedlichen Formen aufgesprengt, wodurch das fantasiereiche Innenleben freiliegt. Für das spannende Entdecken seines Turmes rät der Künstler: „Die Spiralform … Wenn man träumt, kann man sich vorstellen, dass diese Spirale immer höher und höher geht, ohne Ende … Es ist die Spirale, der man alles erzählen kann, was man will … seine Erfahrungen … sein Leben …, verbunden mit der Hoffnung, den Himmel zu erreichen!“ Was für eine wundervolle Vorstellung, einen Ort gefunden zu haben, der sich der eigenen Sorgen und Nöte annimmt, dem man sich anvertrauen kann, der erlaubt, hier einfach glücklich zu sein. Oder um mit Albert Einstein zu sprechen: „Die besten Dinge im Leben sind nicht die, die man für Geld bekommt!“

TIPP

Der historische Palazzo Crivelli (Via Pontaccio 12) hat einen wunderschönen Innenhof mit Säulengängen.

● Torre a Spirale, vor dem Piccolo Teatro Strehler, Largo Antonio Greppi 1, 20121 Mailand

● ÖPNV: Tram 2, 4, 12, 14, Bus 57, 61, Metro M2, Haltestelle Lanza

PICCOLO
PRESENTE INDICATIVO
Mariupol

Zeitlose schöne Klassiker

45 ADI Design Museum nahe dem Cimitero Monumentale

Am 25. Mai 2021 war es so weit: Das mit Spannung erwartete ADI Design Museum wurde eingeweiht. Das neue Kulturzentrum ist abermals Beispiel für Mailand als kosmopolitische Stadt, die immer wieder mit neuen architektonischen Highlights überrascht. Es ist ein Glücksort par excellence für alle, die sich für klassisches Design „Made in Italy" begeistern. Auf über 5100 Quadratmetern wird mit rund 2300 Produkten die Geschichte des fantastischen italienischen, aber auch internationalen Designs erzählt.

Grundstock des Museums bildet die historische Sammlung des Compasso d'Oro. Liebhaber der bekannten Designklassiker wissen: Hierbei handelt es sich um den berühmten italienischen Designpreis, der 1954 erstmalig bereitgestellt wurde und seither alle zwei Jahre vergeben wird. Für das innovative Museum heißt das, dass die Ausstellung alle zwei Jahre durch weitere Objekte ergänzt wird. Bereits die riesigen Räumlichkeiten sind pures Design und von großer städtebaulicher Bedeutung. Aus einer Industriehalle der 1930er-Jahre wurden mit viel Glas und Stahl ansprechende Ausstellungs- und Museumsbereiche geschaffen. Ein Bummel durch das Museum ist wie eine Zeitreise durch die eigene Vergangenheit, denn zahlreiche Besucherinnen und Besucher sind mit den Designklassikern aufgewachsen und haben einen starken emotionalen Bezug dazu. Zeitlose formvollendete Objekte wie die legendäre elektromechanische Tischuhr „Ziffer 5" mit ihren Klappziffern, der Dolomit-Skistiefel mit dem man vielleicht Skifahren gelernt hat, die Wohnzimmereinrichtung aus den 1950er-Jahren oder die Schreibtischlampe „Ptolemäus" von 1989, die bis heute in fast jedem Büro zu finden ist, sind absolut sichere Garanten für wundervolle tiefgreifende Glücksgefühle. Ziel des Museums war es, „eine moderne Arche Noah zu schaffen, in der alle Arten von italienischem Design für die Zukunft aufbewahrt und lebendig gehalten werden". Herzlichen Glückwunsch – das ist den Architekten bestens gelungen!

TIPP

Das Junior Design Lab für Kinder von 5–13 Jahren bietet spannende Workshops an.

● ADI Design Museum, Piazza Compasso d'Oro 1, 20154 Mailand
www.adidesignmuseum.org
● ÖPNV: Metro M2, Haltestelle Garibaldi FS

XXI
2008

Was für ein Kleinod

46

Villa Necchi Campiglio im Quadrilatero del silenzio

Die traumhaft schöne Villa Necchi Campiglio ist ein verborgener Schatz mitten in Mailand. Wer es nicht weiß, geht achtlos an dem durch hohe Mauern geschützten Kleinod vorbei. Doch das wäre ein großer Fehler, denn dann verpasst man einen Glücksort allererster Sahne! Der Bau des Hauses mit seinen schönen Artdéco-Elementen, dem Tennisplatz und den beheizbaren Außenpool wurde zwischen 1932 und 1935 von der betuchten Industriellenfamilie Necchi (sie stellte Nähmaschinen her) in Auftrag gegeben. Nicht kleckern, sondern klotzen, lautete das Motto – schließlich sollte das Gebäude als repräsentative Adresse für glanzvolle Empfänge des erlesenen Freundeskreises und der Mailänder Hautevolee dienen.

Seit 2008 ist das herrliche Anwesen für die Öffentlichkeit zugänglich. Durch den opulenten Haupteingang gelangt man in ein mit verschiedenen kostbaren Holzarten ausgekleidetes Atrium. Mit etwas Fantasie sieht man die elegant gekleideten Herrschaften flanieren, wie sie sich in der verglasten Veranda zu einem Schwätzchen treffen und den einmalig schönen Ausblick in den Garten genießen. Einige tauchen in die bestens sortierte Welt der Bücher in der imposanten Bibliothek ein oder fordern an einem der Spieltische ihr Glück heraus. Anschließend diniert man im Esszimmer unter einer Stuckdecke mit Motiven aus der Astrologie. Eine kühn geschwungene Marmortreppe führt in den ersten Stock zu den privaten Räumlichkeiten und dem Bad. Wer heute im romantischen Park sitzt und den Vögeln bei ihren konzertanten Aufführungen lauscht, kann kaum glauben, dass es nur einige Gehminuten zum quirligen Domplatz sind. Ein perfekter Ort, um nach der metropolen Hektik wieder zur Ruhe zu kommen, die Seele baumeln zu lassen, die Natur zu genießen und die Duftmischung aus Rosen, Thymian und Jasmin bewusst einzuatmen. Wer möchte, nimmt direkt am verheißungsvoll glitzernden blauen Wasser des Originalpools Platz; nur baden ist leider nicht erlaubt. Dieses kleine Paradies ist absolut einmalig in Mailand. Welch großes Glück, es für sich entdeckt zu haben!

TIPP

In der Cafeteria im Garten verwöhnt eine kleine, aber feine Speisekarte.

● Villa Necchi Campiglio, Via Mozart 14, 20122 Mailand, Tel. +39 (2) 76 34 01 21
www.fondoambiente.it

● ÖPNV: Metro M1, Haltestelle Palestro

Der hilfsbereite Heilige

47

Basilica di Sant'Antonio di Padova nahe Chinatown

Direkt gegenüber des Monumentalfriedhofes (Cimitero Monumentale) befindet sich ein einfach gehaltenes Gotteshaus, das in seinem Inneren durch feierliche Schlichtheit besticht und deshalb ein idealer Ruheort für Rastsuchende darstellt. Die Basilica di Sant'Antonio di Padova ist, wie der Name schon verrät, dem Heiligen Antonius gewidmet und wird von den Franziskanern betreut. Sie wurde zwischen 1902 und 1904 im neobarocken Stil errichtet. Der 55 Meter hohe Glockenturm links vom Gotteshaus erfreut die Seele mit schönem verspieltem Jugendstil. Das Kircheninnere imponiert durch eine Mischung aus unterschiedlichen Stilrichtungen. Und genau dieser gekonnte Mix macht die friedliche Atmosphäre aus, mit der hier alle willkommen geheißen werden. Nur wenige Kirchenfenster lassen Tageslicht durch, was dem Gotteshaus etwas Mystisches verleiht. Der Heilige Antonius ist gleich mehrfach vertreten: So erfährt man durch die Malereien auf der Kassettendecke Episoden aus seinem Leben. Zudem wacht er als Statue hoch oben auf der Spitze des Kirchturmes, schaut über den Stadtteil und passt damit gut auf seine „Schäfchen" auf. Auch auf dem Altar ist er zu finden. Der dekorative Brunnen vor dem Hauptportal zeigt ebenfalls den Heiligen, diesmal im innigen Zwiegespräch mit Fischen.

TIPP

Das kleine Ristorante Da Martino (Via Carlo Farini 8) serviert Klassiker der italienischen Küche.

Hauptanziehungspunkt für viele Einheimische ist jedoch die kleine Holzfigur linkerhand des Eingangs, die den Franziskanermönch mit seiner typischen Kutte zeigt. Das Holz ist an etlichen Stellen stark abgenützt, denn, so heißt es, nur wenn man den Heiligen berührt, kann er auch helfen. Vor allem viele Chinesen aus dem angrenzenden Chinatown nutzen gern die Gelegenheit, ihre Sorgen und Nöte dem Heiligen mitzuteilen und sich still mit ihm zu beraten. Vielleicht aber bedanken sie sich auch über die ein oder andere glückliche Fügung im Leben. Antonius ist dafür bekannt, dass er Verlorenes wiederfindet. Dazu zählen auch die verlorenen glückliche Momente im Leben. Einfach mal ausprobieren und mit etwas Glück findet der Heilige diese wieder.

- Basilica di Sant'Antonio di Padova, Via Carlo Farini 10, 20154 Mailand, Tel. +39 (2) 6 55 11 45, www.fratiminori.it
- ÖPNV: Metro M2, Haltestelle Garibaldi

Feng Shui vom Feinsten

48

Piazza del Liberty beim Corso Vittorio Emanuele II

Brunnen schmücken eine Stadt, machen sie lebenswert und steigern die Wohlfühlatmosphäre des Platzes, den sie zieren. Man fühlt sich von dem plätschernden, glitzernden Nass magisch angezogen. Im Feng (Wind) Shui (Wasser), der über 3500 Jahre alten chinesischen Gestaltungslehre, steht Wasser für Reichtum und Lebensfreude. Sprudelndes Wasser, beispielsweise in Form von Fontänen, intensiviert diese Wirkung und symbolisiert dynamische Natur.

Wer im Shoppingparadies Corso Vittorio Emanuele II zwischen Dom und Piazza San Babila schlendert, erreicht automatisch die Piazza del Liberty. Dieses architektonische Gesamtensemble ist mal wieder ein schönes Beispiel für das moderne Mailand und für seine Fähigkeit, sich immer wieder neu zu erfinden, um stets neugierig zu machen. Hauptanziehungspunkt des Platzes, der noch in den 1950er-Jahren als Parkplatz diente, ist der 2018 errichtete, imposante Glasbrunnen, ein Werk von Norman Foster. Das spritzige Wasserspiel erfüllt sämtliche Vorstellungen westlicher und fernöstlicher Architektur. Vielleicht sind das die Gründe, warum hier ein magisches Stückchen Erde entstanden ist, den die Mailänder gerne für eine erholsame Pause nutzen. Der Brunnen markiert den Eingang zu den unterirdischen Räumlichkeiten einer bekannten Computerfirma und ist 12 Meter breit. Genügend Platz also, sich an seinem Rand niederzulassen, dem beruhigenden Glucksen des kristallklaren Wassers zuzuhören und die schwungvolle Kraft der insgesamt 56 Fontänen zu bestaunen, die sich nach rund 8 Metern, dem Gesetz der Schwerkraft folgend, wieder mit dem Brunnenwasser glücklich vereinen. Auch von den weitläufigen Stufen aus, die zu dem unterirdischen Geschäft führen, lässt sich die nasse gelungene Choreografie entspannt und glücklich genießen. Dieser kommunikative Treffpunkt wird gern genutzt, sei es, um mit Freunden zu plaudern, Zeitung zu lesen, den Ausblick auf den Glasbrunnen zu genießen oder einfach die Kraft, Lebensfreude und das sprudelnde Glück zu spüren, die das plätschernde Wasser aussendet.

TIPP

Auch abends, wenn die Wasserinstallation in Licht getaucht wird, ist der Brunnen sehr erlebenswert!

- Brunnen auf der Piazza del Liberty, 20121 Mailand
- ÖPNV: Metro M1, M3, Haltestelle Duomo

Einzigartiges Grün

49 Parco Biblioteca degli Alberi in der Porta Nuova

Wenn ein Park Biblioteca degli Alberi (Bibliothek der Bäume) heißt, deutet allein schon die ungewöhnliche Namensgebung darauf hin, dass es sich um etwas ganz Besonderes, Einzigartiges handeln muss. Und genau das ist bei der 9,5 Hektar großen, 2008 bis 2018 angelegten grünen Landschaft der Fall! Gelegen im neu gestalteten Stadtviertel Porta Nuova, zwischen der Stazione di Porta Garibaldi und der Stazione Centrale, galt es für die Planer des neuen Stadtparks ziemlich viele, nicht immer besonders einfach zu realisierende Vorgaben unter einen Gärtnerhut zu bringen. Die neue Anlage sollte u. a. ein botanischer Garten, kultureller Campus mit unterschiedlichsten Veranstaltungen und urbanes Bindeglied zwischen den modernen Wohn- und Bürogebäuden werden. Entstanden ist ein völlig neuer Parktyp, quasi ein zeitgemäß interpretierter botanischer Garten inmitten der innovativen Mailänder Skyline.

Der florale Reichtum (rund 135.000 Pflanzen) ist verteilt auf viele kleinere Gärten, sodass man sein persönliches, ganz individuelles glücklich machendes grünes Paradies finden kann. Rund 500, zum Teil seltene Bäume wachsen in 22, kreisförmig angeordneten Wäldern. Es gibt lauschige Ecken, Kinderspielplätze, Ruheplätze, in denen man auf bequemen Liegen ein Buch lesen kann, und Treffpunkte zum gemütlichen Zusammensein. An den Wasserpflanzen des romantischen Teiches tummeln sich bunt schillernde Libellen, die dann neugierig die herrlich blühenden aromatisch duftenden Blumenwiesen inspizieren. Im Schatten der Baumkronen kann man entspannt Yoga o. Ä. praktizieren. An lauen Sommerabenden rahmen diese Blattdächer kleine Bühnen ein, auf denen konzertante Aufführungen Geist und Seele beglücken. Verbunden sind diese blühenden Inseln mit unterschiedlich breiten und langen Wegen, die sich – analog zu Menschen – trennen, um sich dann ein Stück weiter wieder zu begegnen. Es ist ein Park, der völlig anders ist als alle anderen Grünanlagen der Stadt. Ein großer magischer Ort, der immer wieder überrascht und noch mehr verzaubert.

● Parco Biblioteca degli Alberi, Via Gaetano de Castillia 18–20, 20124 Mailand, Tel. +39 (2) 45 47 51 95, www.bam.milano.it
● ÖPNV: Metro M2, M5, Haltestelle Porta Garibaldi

Von Menschen für Menschen

50 La Bottega Etica im Sarpi-Viertel

La Bottega Etica, ein Geschäft mitten im chinesischen Viertel, ist etwas ganz Besonderes und einmalig in der ganzen Stadt. Hinter diesem gut sortierten Laden, der Bioprodukte wie Lebensmittel, Kosmetikartikel und Waschmittel aus kontrolliert nachhaltigen, sozial arbeitenden Lieferketten anbietet, steht das ZeroPerCento-Projekt, eine Art sozial agierende Genossenschaft, die inzwischen auch einen eigenen Onlineshop betreibt. Ziel des engagierten Projektes ist es, Menschen mit Behinderungen oder in Schwierigkeiten Geratenen hier die Chance zu geben, wieder in die Arbeitswelt eingegliedert zu werden oder eine Ausbildung zu beginnen. Das allein ist schon Grund genug, dieses Projekt durch Einkäufe zu unterstützen.

Aber dem nicht genug: Hier kauft man nur tatsächlich benötigte Rationen, nur genau die Menge an Keksen, die man für eine kleine Stärkung zwischendurch tatsächlich benötigt – und sei es auch nur ein einziges Stück. Eine bestens funktionierende Maßnahme gegen Lebensmittelverschwendung. Auch an die Umwelt ist gedacht, denn die Waren werden – auch darauf wird größten Wert gelegt – ohne überflüssigen Verpackungsmüll angeboten. Als kleiner Tipp für ein Geschenk für die Lieben zuhause sei verraten: Die Weiß- und Rotweine der Genossenschaften erfreuen sich bei Stammkundinnen und -kunden größter Beliebtheit. Auch die zu ausgewählten Mottos passenden Geschenkkörbchen eignen sich als perfekte Mitbringsel. Die Frage, warum man dieses Geschäft mit durch und durch tief empfundenen Glücksgefühlen verlässt, ist schnell beantwortet: Zum einen bekommt man hier ausgezeichnete Qualität und erlesene Erzeugnisse, keine Mainstream-Waren üblicher Supermarktketten, zum andern erlebt man das unbeschreiblich schöne Gefühl, Menschen, die nicht ganz auf der Sonnenseite des Lebens stehen, unterstützen zu können. Also eine echte Win-win-Situation für alle Beteiligten. Oder um mit dem Friedensnobelpreisträger Albert Schweitzer zu sprechen: „Glück ist das Einzige, das sich verdoppelt, wenn man es teilt!“

TIPP

Das Milano Café (Via Procaccini 37) eignet sich perfekt für einen Aperitivo und Cocktail.

- La Bottega Etica, Via Luca Signorelli 13, 20154 Mailand, Tel. +39 (2) 89 77 92 53
  www.shop.zeropercento.org
- ÖPNV: Metro M5, Haltestelle Gerusalemme

LA BOTTEGA ETICA

Metropole für Mode

51 Via Monte Napoleone in der Altstadt

Mailand ist das Modeparadies par excellence und somit Wunschdestination für alle begeisterten Shopping-Queens und solche, die es spätestens nach dem Besuch der Modemetropole geworden sind. Die Hauptstadt der Lombardei bietet zahllose Einkaufsmöglichkeiten wie zauberhafte kleine Boutiquen, Stores für bekannte italienische Labels, Malls und Outlets. Für jeden Geldbeutel ist das Passende dabei. Zu den bekanntesten Pflichtadressen in Sachen Textil zählt ohne Frage der Corso Buenos Aires. Die größte und längste Einkaufsstraße der Stadt macht mit einem bunten Mix unterschiedlichster Geschäfte glücklich. Wer auf der Suche nach speziell italienischen Labels ist, sollte sich die Via Sant'Andrea nicht entgehen lassen.

Wer aber neugierig auf die sicherlich schönste und luxuriöseste Einkaufsstraße der Metropole ist, sollte über die wundervolle Via Monte Napoleone bummeln. Hier erstreckte sich einst die vom römischen Kaiser Maximilian erbaute Stadtmauer. Rechter- und linkerhand der knapp 500 Meter langen Einbahnstraße ließen reiche Mailänder Adelige im 19. Jahrhundert ihre prunkvollen Palazzi im neoklassizistischen Stil erbauen, einer prächtiger als der andere! In diesen stattlichen Gemäuern haben sich standesgemäß internationale Designerläden der gehobenen Preisklasse angesiedelt: Cartier, Tiffany & Co., Versace, Hermès – um nur einige zu nennen. Wer hier einkauft, benötigt ein pralles Bankkonto, was die Eleganz des Klientels zu bestätigen scheint. Für die „normale" Kundschaft lohnt sich das entspannte Flanieren entlang dieser Prachtstraße dennoch sehr, denn hier findet man die schönsten Schaufensterdekorationen der Stadt. Die in ihrer Zunft angesehensten „Visual Merchandiser" machen den Zuschauerinnen und Zuschauern mit ihren fantasiereichen Ideen rundherum glücklich. Jedes Schaufenster ist eine kleine bunte Welt für sich, die ihre eigene Geschichte erzählt und von neugierigen Blicken entdeckt werden will. Ein erlebenswertes Paralleluniversum nach dem anderen, die unterschiedlicher nicht sein können – absolut erlebenswertes Glück!

TIPP

Ein Besuch der 1817 gegründeten eleganten Pasticceria Cova (Via Monte Napoleone 8) muss einfach sein.

- Via Monte Napoleone, 20121 Mailand
- ÖPNV: Metro M3, Haltestelle Montenapoleone

HERMES
LA BERLINE
BAYADÈRE

Streetfood kann so gut sein

52

Via Paolo Sarpi in Chinatown

Als 2011 die multi-ethnische Via Paolo Sarpi im lebendigen chinesischen Stadtviertel zur Fußgängerzone wurde, hat sie sich zu einem Hotspot für Liebhaber köstlichen Streetfoods entwickelt. Hier werden aber nicht nur chinesische Spezialitäten offeriert, wie ein Bummel durch dieses lukullische Paradies beweist. Beispielsweise bietet die Ravioleria Sarpi (Nr. 27) die weit und breit besten Ravioli mit unterschiedlichen Füllungen an, alle handgefertigt – versteht sich von selbst! In der 2021 eröffneten modernen Pasticcerie e gelateria S'LAB (Nr. 1) sollten besser keine Kalorien gezählt werden, denn die Auswahl an dekorativen, süßen Gaumenschmeichlern ist riesengroß – Widerstand zwecklos! Sehr zu empfehlen sind der japanische Käsekuchen und die Dorayaki (kleine japanische Pfannkuchen). Dazu vielleicht einen Matcha Latte oder eine Mango-Granita – köstlich! Natürlich darf bei dem kulinarischen Spaziergang die italienische Küche nicht zu kurz kommen. So bietet sich der Besuch in der Pizzeria da Giuliano (Nr. 60) an. Wer möchte, kann sich hier ein Stück auf die Hand geben lassen und *to go* genießen. Ein weiteres Highlight auf der Foodtour ist die Cantine Isola (Nr. 46), ein Weingeschäft mit Ausschank. An der Theke des 1896 gegründeten und sehr geselligen Ortes mit entspannter Stimmung werden auch exquisite Häppchen angeboten. Beliebt sind auch die abendlichen Lesungen.

Eine echte Institution in Sachen Käse ist das Geschäft Re della Baita. Seit 1939 beglückt es verwöhnte Gaumen mit vor allem italienischen Käse- und Wurstraritäten wie dem *stravecchio* (Parmesankäse), dem *tronchetto di capra* (Ziegenkäse), dem *nebrodi*-Schinken oder dem *primosale* (milder Käse), beides sizilianische Spezialitäten. Am Ende des alle Sinne verwöhnenden Ausfluges mit viel Glückspotenzial ist klar: Genussvolles Essen macht wirklich glücklich!

TIPP

Die meisten Geschäfte bieten ihren kostenlosen Service an, Lebensmittel luftdicht zu verschweißen.

- Via Paolo Sarpi 46, 20154 Mailand
- ÖPNV: Metro M5, Haltestelle Gerusalemme

Re della Baita
DAL 1939
FORMAGGI E SALUMI
BOTTEGA STORICA

Ein zweites Zuhause

53

Cafè Monet im Brera-Viertel

Es ist natürlich kein Zufall, dass das Cafè Monet den Namen des berühmten impressionistischen Malers trägt, denn es liegt mitten im historischen Künstlerviertel Brera. Im 19. Jahrhundert siedelten sich hier zahlreiche Maler und andere Künstler an und verliehen ihm sein unverwechselbares Flair. Man traf sich in den zahlreichen Bars und Cafés zum Philosophieren, Essen und Trinken. Dieser unbeschwerte Geist weht noch immer durch die hübschen Gässchen und Sträßchen (fast alles Fußgängerzone). Bis heute ist das Publikum hier bunt gemischt: Studierende der nahen Accademia di Belle Arti und der Pinacoteca Brera vermischen sich mit Geschäftsleuten, Bankern, Handwerkern und Hausfrauen, die hier in den kleinen Geschäften gerne einkaufen. Inmitten des noch immer von Kunstschaffenden bevorzugten Stadtviertels liegt eine Oase der Erholung, ein Ort, der glücklich macht und der mit wunderbarem Essen und Trinken alle Sinne bestens verwöhnt: das Cafè Monet. Seine Einrichtung ist eher unspektakulär, aber gemütlich mit seinen dunklen Holztischen und Stühlen. Natürlich darf an der Wand ein Gemälde des Namensgebers nicht fehlen! Wenn das Cafè Monet um 7 Uhr öffnet, trifft man sich schnell auf einen *caffè* an der Bar, der so schmeckt, wie ein gut wirkender Wachmacher schmecken muss. Dazu genießt man eines der legendären, göttlich schmeckenden Brioches, was en passant für viele Gäste einer der Hauptgründe, hier zu frühstücken, ist. Mittags bietet das nette Lokal ein preiswertes Menü an, das bevorzugt von den Angestellten und Geschäftsleuten aus der nahen Umgebung geschätzt wird. Für viele ist das Cafè Monet zu einem zweiten Zuhause geworden. Das liegt an der ausgezeichneten, meist italienischen Küche (auch vegan) und an der Freundlichkeit der Servicekräfte, die mit viel Herzblut ihre Gäste bewirten. Unbedingt probieren sollte man die Paella, das Lachstatar und die frittierten Meeresfrüchte. Und zum krönenden Abschluss noch das selbstgemachte, überaus köstlich schmeckende Tiramisu – mehr Glück geht nicht!

TIPP

Der schöne Park Giardino Perego (Garten) überrascht mit moderner Kunst und altem Baumbestand.

● Cafè Monet, Via Borgonuovo 26, 20121 Mailand, Tel. +39 (2) 6 59 71 10
www.caffemonet.it
● ÖPNV: Metro M3, Haltestelle Montenapoleone

Cafè Monet
Cafè Restaurant
RIVENDITORE
WiFi
ZONE

Gratis und immer wieder neu

54 Streetart, u. a. am Navigli Grande

Mailand ist nicht nur die Hauptstadt der Mode, sondern international auch für seine Kunstwerke bekannt. Man denke nur an Leonardo da Vincis berühmtes Werk „L'Ultima Cena" (Das letzte Abendmahl), für dessen Anblick Schaulustige in Warteschlangen lange ausharren müssen. Wer Kunst jedoch spontan und ohne aufwändige Ticketreservierung erleben möchte, ist in Mailand goldrichtig, denn hier lässt sich moderne, urbane Kunst im öffentlichen Raum gratis, ohne festgelegte Öffnungszeiten und so oft man möchte, besichtigen – was für eine geniale Idee. Seit den 1980er-Jahren zaubern nationale und internationale Künstler beeindruckende, farbenfrohe Gemälde an Hauswände oder Mauern. Inzwischen hat Mailand sich zum Mekka der Streetart gemausert und ein spezielles Büro für „Kunst im öffentlichen Raum" etabliert. Insgesamt wurden hundert öffentliche Wände mit der ausdrücklichen Erlaubnis, sie bemalen zu dürfen, kostenlos zur Verfügung gestellt. Wo genau sich diese „Leinwände" befinden, kann auf der Seite der Comune di Milano eingesehen werden. Es macht richtig Spaß, durch die Gassen zu bummeln und sich immer wieder aufs Neue von kreativen Graffitis überraschen zu lassen, wie beispielsweise dem lustigen Chamäleon in der Via Santa Croce, das es sogar zum Wahrzeichen des Viertels geschafft hat. Einige Werke regen zum Nachdenken an, wie das Wandbild „20 Jahre Freiheit und Demokratie" in der Via Giulio Cesare Procaccini; andere hinterlassen ein glückliches Lächeln im Gesicht des Betrachters oder erweitern die Allgemeinbildung, wie die zwanzig Wandgemälde im Viertel Ortica, die italienische Persönlichkeiten des 20. Jahrhunderts zeigen. Auch im Isola- und dem romantischen Navigli-Viertel (z. B. direkt am Kanal) bereitet der Anblick der kunterbunten Malereien beste Laune. Mit etwas Glück kann man live miterleben, wie Künstler an einer riesigen Hauswand von einem Kran oder einer Feuerwehrleiter aus ein altes Wandbild übermalen und mit einem neuen Bild glücklich machen. Langweilig wird es im großen Freilichtmuseum daher nie!

TIPP

Unter mauamuseum.com zeigt eine Karte an, wo Straßenkunst zu erleben ist.

● Streetart in Mailand, z. B. in den Vierteln Ortica, Isola und Navigli
www.comune.milano.it

Platz der Zukunft

55

Piazza Gae Aulenti nordöstlich der Altstadt

Von den insgesamt neun Stadtteilen *(zone)*, die Mailand hat, ist die Zona 9 der modernste und spannendste. Hier wurde 2009 ein Stadterneuerungsprojekt ins Leben gerufen: Das Viertel Porta Nuova entstand. Die futuristisch anmutende, imposante Skyline stellt zugleich eine gewagte, elegante Fusion von Glas und Stahl dar und beweist mutig: Mailand ist im 21. Jahrhundert angekommen. Für die kühnen Bauwerke konnte der preisgekrönte, argentinische Architekt César Pelli (1926–2019) gewonnen werden.

Blickfang ist der 231 Meter hohe Unicredit Turm, in dessen Glasfassaden sich die anderen Gebäude abbilden und der mit seiner gewundenen Antenne bis in den Himmel zu reichen scheint. Ein weiteres Highlight liegt zu Füßen dieses derzeit höchsten Wolkenkratzers Italiens: die Piazza Gae Aulenti. Das neue Herz der Stadt ist der berühmten italienischen Grand Dame der Architektur, Gaetana „Gae“ Aulenti (1927–2012) gewidmet. Hier könnte man den ganzen Tag glücklich verbringen, so schön ist der kreisförmige, großzügige und 2012 fertiggestellte Platz angelegt. Drei runde Infinity-Brunnen schwimmen wie Inseln in einem riesigen Wasserkreis, in dem sich die umgebenden, modernen Gebäude eitel und selbstgewusst spiegeln. Rings um und unter dem Platz, der 6 Meter über Straßenniveau liegt, laden unzählige Bars, Geschäfte, Kneipen und Restaurants zum entspannten Verweilen ein. Wenn sich langsam die Dämmerung über die Stadt legt, erwacht der Platz zum Leben und performt mit eigener Show, inklusive beeindruckender Wasser-, Musik- und Lichtspiele. Der Solarbaum in der Mitte der Piazza erstrahlt im romantischen Licht, das sich auf der glatten Wasseroberfläche unendlich zu vermehren scheint. Jetzt trifft man sich auf einen Aperitivo und zelebriert gekonnt *la dolce vita*. Die italienische Zeitung Il Giornale bezeichnete diesen spektakulären Ort als „Platz der Zukunft“. Was für ein Glück, dass man ihn schon in der Gegenwart besuchen kann!

TIPP

Das Eataly (Piazza Venticinque Aprile 10) mit italienischen Köstlichkeiten lädt täglich bis 24 Uhr ein.

- Piazza Gae Aulenti, 20124 Mailand
- ÖPNV: Metro M5, Haltestelle Garibaldi

Musik liegt in der Luft

56 Auditorium di Milano Fondazione Cariplo

Gehalten im Stil der 1920er-Jahre, verraten die mit Musikern bunt bemalten Eingangstüren bereits, worum es in diesem 1920 eingeweihten Gebäude wirklich geht: um Musik. Hier lädt u. a. das Auditorium di Milano Fondazione Cariplo in seinem riesigen Konzertsaal mit rund 1250 Sitzplätzen zu hochkarätig besetzen konzertanten Aufführungen und Kinoabenden ein. Auch das 1993 von dem Dirigenten Vladimir Delman (1923–1994) gegründete Mailänder Sinfonieorchester (Orchestra Sinfonica di Milano Giuseppe Verdi) und der 1998 ins Leben gerufene sinfonische Chor (Coro Sinfonico di Milano Giuseppe Verdi) mit über 100 Sängerinnen und Sängern haben hier ihr Zuhause gefunden. Das renommierte Orchester zählt heute zu den bekanntesten italienischen Sinfonieorchestern und erfreute u. a. schon Papst Benedikt XVI. mit seiner Musik.

TIPP

Das abwechslungsreiche Programm bietet auch Konzerte speziell für Familien, Kinder oder Jugendliche an.

Eingeweiht wurde das Auditorium, heute ein multifunktionaler Raum, am 6. Oktober 1999 mit einer großartigen Aufführung der 2. Sinfonie von Gustav Mahler. Internationale Musiker schätzen an dem Konzertsaal vor allem die ausgezeichnete Akustik, Resultat eines ausgeklügelten, mehrfach prämierten Systems aus gekrümmten Birnenholzplatten an Wänden und Decke. Gäste wiederum fühlen sich glücklich, wenn sie die herrliche Musik relaxt in den bequemen, löffelartig geformten Sesseln genießen können. Das „Haus der Musik“ ist eines der wichtigsten kulturellen Zentren der Stadt und erfreut mit unterschiedlichen musikalischen Events. Mal sind es die Vorführungen von bekannten Filmen wie Disneys „Fantasia“ (in Originalsprache), die von einer Live-Synchron-Soundtrack-Performance begleitet werden. Ein anderes Mal machen Liederabende glücklich oder berührende Kammermusik, die tiefgreifende und langanhaltende Glücksgefühle weckt. Ein Konzert – egal welcher Musikrichtung – im historischen Auditorium erleben zu dürfen, ist Garant für einen hoch emotionalen, unvergesslich schönen Abend. Denn um den bereits erwähnten Komponisten Gustav Mahler zu zitieren: „Das Beste in der Musik steht nicht in den Noten.“

- Auditorium Milano, Lago Gustav Mahler, 20136 Mailand
www.sinfonicadimilano.org
- ÖPNV: Metro M3, Haltestelle San Donato

USCITA DI
EMERGENZA
LASCIARE LIBERO
IL PASSAGGIO
È VIETATO
DEPOSITARE
MATERIALI
davanti alle porte
VW.NABA.IT

Wie im richtigen Leben

57

Piazza Santa Maria delle Grazie in der Zona Magenta

Zugegeben, der Tipp, sich auf eine Bank zu setzen, die auf einem großzügig gestalteten Platz steht, erscheint nicht besonders ungewöhnlich, denn dafür sind Bänke schließlich gemacht! Wer der Autorin trotzdem vertraut, wird es sicher nicht bereuen. Auf der zauberhaften Piazza Santa Maria delle Grazie mit der überaus prächtigen Renaissancekirche spürt man sofort die vorherrschende, ganz besondere Atmosphäre. Zusammen mit dem angrenzenden Dominikanerkloster ist das Gebäude seit 1980 UNESCO-Weltkulturerbe. Gotteshäuser wurden und werden stets an spirituellen meditativen Orten errichtet. So auch diese Kirche, die zu den schönsten Gotteshäusern Italiens zählt. Das imposante, architektonische Meisterwerk ist ca. 30 Meter breit und etwas über 60 Meter lang. Die Besonderheit des Platzes liegt vielleicht auch daran, dass sich hier Menschen aus aller Herren Länder friedlich begegnen. Denn die Nordwand im ehemaligen Refektorium (Speisesaal) des Klosters zieht Jahr für Jahr Besucher aus aller Welt an, um eines der berühmtesten Meisterwerke der Malerei zu bestaunen: „Das letzte Abendmahl". Vier Jahre (1494–1498) benötigte Leonardo da Vinci für die Erschaffung des rund 9 Meter langen und über 4 Meter breiten Kunstwerks. Der verwunschene Klostergarten wird von hübschen Rundbögen beschützt und strahlt meditative Ruhe aus.

TIPP

Die wundervollen Wandgemälde im Inneren der Kirche San Maurizio (Corso Magenta 15) lohnen einen Besuch.

Doch zurück zur Piazza. Es macht glücklich, von den Bänken aus das bunte Treiben auf dem Platz zu beobachten. Nachmittags kickt die Jugend hier um die Wette, während ältere Damen sich auf ein Schwätzchen treffen und Neuigkeiten aus „ihrem" Viertel austauschen. Am Rand des Platzes rattert in regelmäßigen Abständen die Trambahn vorbei und im kleinen Café direkt bei der Kirche herrscht Hochbetrieb. Angeregt telefonierende Geschäftsleute queren entschlossen mit raschen Schritten die Piazza, die einer großen Bühne mit bestens agierenden Schauspielern gleicht. Das Stück, das hier täglich zur Aufführung gelangt, könnte den passenden Titel „Szenen aus dem echten Leben Mailands" tragen. Herrlich!

- Piazza Santa Maria delle Grazie, 20123 Mailand
- ÖPNV: Metro 1, 2, Tram 1, 4, 19, Bus 65, 68, 94, Haltestelle Piazza Santa Maria delle Grazie

Mailänder Biergarten

58 Doppio Malto Birreria an der Viale Liguria

Bayern ist bekannt für seine Biergärten. Vor allem an lauen Sommertagen sucht man sie gerne auf, sitzt meist an einfachen Holztischen und genießt den bayerischen Himmel auf Erden bei einem kühlen Bier samt leckerer Brotzeit. Einen Biergarten in der lombardischen Metropole hingegen erwarten wohl die Wenigsten. Doch Mailand versteht es immer wieder aufs Neue, mit Ungewöhnlichem angenehm zu verblüffen und glücklich zu machen. Direkt an der Bushaltestelle in der Viale Liguria, einer belebten Hauptstraße, befindet sich der Eingang zum Glück. Kaum hat man den zauberhaften, großzügigen Innenhof betreten, ist der Straßenlärm vergessen und das Paradies da. Bei schönem Wetter platziert man sich lässig auf den locker versteilten Sitzmöglichkeiten. Wer möchte, kann vor dem Essen noch eine Runde Tischfußball, Bodenschach oder Billard spielen. Bei schlechtem Wetter bietet sich der bunt und gemütlich eingerichtete Gastraum an, eine Art riesige Halle mit langer Theke. Hier verraten zahlreiche Zapfsäulen, wer hier die Hauptrolle spielt: ganz unterschiedliche Biersorten, alle in eigenen Brauereien gebraut. Die gut sortierte Bierkarte klärt ausführlich über die Feinheiten der einzelnen Sorten auf. Das Bier wird in vier verschiedenen Maßen ausgeschenkt. Dazu gibt es Köstlichkeiten vom Grill, wie beispielsweise gemischte Grillteller mit hausgemachter Biermayonnaise oder schmackhaft gewürztes Grillhähnchen. Auch der gegrillte Oktopus mit Bratkartoffeln ist ein Genuss. Für den kleineren Hunger bieten sich Burger mit unterschiedlichen Füllungen, wie z. B. Lachstatar, an. Für den *dolce* (Nachtisch) empfiehlt sich unbedingt eine weitere Spezialität des Hauses: das Birramisù, eine den Gaumen verwöhnende und glücklich machende Abwandlung des bekannten Tiramisu. Genießen, es sich einfach gut gehen lassen, entspannen oder mit Freunden Spaß haben – das alles ist durch die lockere, ungezwungene Atmosphäre an diesem fröhlichen Ort bestens möglich.

TIPP

Die extravagante Cocktailbar Officina Milano (Via Giovenale 7) hat von 19–1:30 Uhr geöffnet.

- Doppio Malto Birreria, Viale Liguria 47, 20143 Mailand, Tel. +39 (2) 30 45 90 59 www.doppiomalto.com/it
- ÖPNV: Bus 90, Haltestelle Viale Liguria

QUANDO PIOVE SOLE, STAPPA!
DOPPIO MALTO
DOPPIO MALTO
SPILLO
FELICITÀ
DOPPIO MALTO
DIECI
E LODE!
SCEGLI IL TUO PIATTO
TRA LE NOSTRE PROPOSTE
10€
Acqua e servizio inclusi
Orecchiette
ai due pomodori
Fusilli al pesto rosso
Nuda e cruda
Qual gran pezzo
d'Angus
Doppio medaglione
La suprema
Do di petto
Margherita è mia
Il Fontal
del desiderio
L'insalata
del contadino
DOPPIO MALTO

Glück zum Reinbeißen

59 Mailänder Panettone – es geht nicht ohne

Es war einmal vor über 500 Jahren ein Küchenjunge am Hof des Herzogs Ludovico Sforza (1452–1508). Dem berühmten Förderer Leonardo da Vincis gefiel es, an Weihnachten ein imposantes Fest zu geben und hierzu die Mailänder Crème de la Crème einzuladen. Dem verwöhnten Klientel durfte nur das Beste aufgetischt werden, weshalb die Abläufe beim vielgängigen Menü perfekt ineinandergreifen mussten. Doch auch in der herzoglichen Küche passierten Fehler: Der nervöse Chefkoch ließ das Dessert anbrennen. Nun war guter Rat teuer! Just in diesem Moment hatte der Küchenjunge Toni die rettende Idee: Er vermengte die übrig geblieben Zutaten wie Zucker, Eier, kandierte Früchte, Mehl, Butter und Rosinen zu einem Kuchenteig und backte ihn. Die Begeisterung der anwesenden Herrschaften über diese neue Kuchenkreation war riesengroß. Der eilends herbeigerufene Küchenchef schmückte sich aber nicht mit fremden Federn, sondern offenbarte der feinen Gesellschaft, dass es sich bei dem Gebäck um *pan de Toni* (Brot des Toni) handele. Daraus wurde im Laufe der Jahrhunderte das Wort *panettone,* oder lombardisch: *panetùn.* Weihnachten ist für die meisten Milanesi nur dann ein glückliches Fest, wenn der geliebte Panettone serviert wird. Natürlich kauft man keine in Fabriken hergestellte Ware, sondern bei „seiner" angestammten Pasticceria um die Ecke, beim Lieblingskonditor. Der Hefeteigkuchen wird formgebend in einer Papiermanschette gebacken und erhält dadurch seine typische Form. Er muss eine fluffige, großporige und lockere Konsistenz aufweisen und wird nach überlieferten Familienrezepten in langer Prozedur bei 48-stündiger Ruhezeit zubereitet. Der Aufwand lohnt sich, wie bereits der Genuss des ersten Stückes beweist. Solche glücklich machenden Kuchen findet man u. a. in den Pasticcerie Marchesi 1824, Gattullo, Panarello, Ranieri, Martesana, Vergani oder G. Cova & C. Sie sind alle problemlos zu finden, denn der köstliche Duft verrät bereits auf der Straße den jeweiligen Glücksort, ohne den im weihnachtlichen Mailand gar nichts geht!

TIPP

In kleinen, wunderschön verzierten „Hutschachteln" sind diese Panettoni ein hübsches Mitbringsel.

● Mailänder Panettone, z. B. Pasticceria Martesana, Via Giovanni Cagliero 14, 20125 Mailand, Tel. +39 (2) 66 98 66 34, www.martesanamilano.com
● ÖPNV: Metro M3, Haltestelle Sondrio

Traditionelles bewahren

60 Sicilian Brera Wine and Food Art in der Altstadt

Abseits der üblichen Besichtigungsrouten liegt ein lukullisches Kleinod, das es aufs Beste versteht, mit wunderbaren sizilianischen Köstlichkeiten gekonnt zu verwöhnen! Die überwiegenden Stammgäste verbringen hier zum Teil sogar täglich ihre Mittagspause. Denn das kleine Café und Bistro ist Botschafter der Slow-Food-Bewegung par excellence! Alles, was auf den Tisch kommt – natürlich in Bio-Qualität – ist sehr authentisch. Ein sizilianisches Sprichwort besagt, dass man alles verändern muss, um nichts zu verändern. Und genau diese traditionelle Bodenständigkeit hebt den unverwechselbaren Geschmack der angebotenen Spezialitäten hervor.

Die meisten Zutaten stammen von kleinen Betrieben der Insel, für die die ökologische Landwirtschaft selbstverständlich ist und die höchste Ansprüche an qualitativ hochwertige Waren haben. Und aus diesen, mit viel Liebe produzierten Zutaten, zaubert der Koch – ein echter Sizilianer, versteht sich – wahre Meisterwerke, die ausschließlich dem Zweck dienen, die hungrigen Gäste bestens zu verwöhnen. Zur Vorspeise sollte man unbedingt die *arancini* (kleine Orangen) probieren. Die frittierten und unterschiedlich gefüllten Reisbällchen lassen an kleine Orangen denken und sind ein absoluter Klassiker der Inselküche. Genauso wie Varianten aus dem Fleisch des schwarzen Nebrodi-Schweins, das in den Wäldern im Nordosten Siziliens glücklich leben darf. Auf jeden Fall sollte man noch einen *dolce* (Nachtisch) einplanen – daran führt kein Weg vorbei: Manch einen locken diese mit süßem Schafskäse gefüllten, röhrenförmigen Teigtaschen hierher. Dazu einen *caffè crema di pistacchio* mit Pistazienkernen der sizilianischen Ostküste, keck gekrönt mit einem Sahnehäubchen, oder eine *cioccolata calda di Modica:* Bei dieser heißen Schokolade stammt die Hauptzutat aus der sizilianischen Stadt Modica, und ihr Genuss macht einfach nur glücklich. Ach, wäre man im Leben doch immer so glücklich wie hier, in diesem kleinen, charmanten, kulinarischen Paradies.

TIPP

Alle Gerichte sind zum Mitnehmen, auch die köstlich belegten Sandwiches und Weine (vom Ätna).

- Sicilian Brera Wine and Food Art, Via del Carmine 7, 20121 Mailand, Tel. +39 (2) 72 00 44 49, www.sicilianbrera.com
- ÖPNV: Metro M2, Haltestelle Lanza; Metro M3, Haltestelle Montenapoleone

SICILIAN
CAFÈ & BISTRÒ
ARANCINE
PARMIGIANA
CAPONATA
PRIMI DEL GIORNO
INSALATE MISTE
TAGLIERI SLOW FOOD
ZUPPE/VELLUTATE
CANNOLI SICILIANI
CASSATINE SICILIANE
DOLCI DI MANDORLA
VINI SICILIANI
SPREMUTA DI:
-ARANCE
-POMPELMI
-LIMONI

Witzig und schrill

61 Verkaufsshop im Museum MUDEC im Viertel Tortona

Im Gebiet rings um die Via Tortona in der Zona Tortona dominierte bis etwa zum Ende des vergangenen Jahrhunderts die Schwerindustrie. Danach wanderten zunehmend mehr Firmen aus dem Viertel ab und siedelten sich entweder am Stadtrand oder anderswo an. Die Gegend blieb anschließend weitgehend sich selbst überlassen, was im Laufe der Zeit zur Verwahrlosung des einstigen Arbeiterviertels mit rasant steigender Kriminalitätsrate führte. Das sollte sich in den 1980er-Jahren gottlob ändern, als einige mutige Kunstschaffende die spannende Architektur der brachen Industriehallen als perfekten kreativen Ort für sich entdeckten. Daraufhin entfaltete Mailand wieder einmal einen seiner wesentlichen Charakterzüge: im steten Wandel zu sein und sich immer wieder neu zu erfinden.

TIPP

Im Erdgeschoss des umfangreichen Museums befindet sich eine sehr saubere kostenlose Toilettenanlage.

Heute präsentiert sich das Viertel cool und hip. Hinter den alten Fabrikmauern arbeiten diverse Kreative und es entstanden sehenswerte Orte, wie das 2015 eröffnete MUDEC (Museo delle Culture). Für alle, die günstiges Design oder ein außergewöhnliches Mitbringsel suchen, ist der Besuch des Design Store im Erdgeschoss ein glücklich machendes Erlebnis. In der bunten Wunderwelt spektakulärer Designformen kommt man aus dem Staunen nicht mehr heraus. Gegenwart und Zukunft des Designs vermischen sich ohne Probleme. Über einige Objekte muss man schmunzeln, andere wiederum animieren zum sofortigen Kauf. Affen mit Glühbirnen in den Händen, handbemalte Keramikteller, die Giraffe mit einem Kronleuchter im Maul, kleine geschichtenerzählende Figurentheater, individuelle Schmuckstücke, Sofakissen mit handbedruckter Kunst – nur eine kleine Aufzählung moderner spannender Designerobjekte, die allein schon beim Betrachten glücklich machen. Wundervoll sind auch die Buchpräsentationen, die sich immer nach der jeweiligen Ausstellung im MUDEC richten. Da Glück ja auch im Auge des Betrachters liegt, kann man diese fantastische „Wunderkammer" nur sehr glücklich verlassen!

- Museumsshop im Museum MUDEC, Via Tortona 56, 20144 Mailand, Design Store: Tel. +39 (2) 84 29 37 07, www.mudec.it
- ÖPNV: Metro M2, Haltestelle Porta Genova oder Sant'Agostino

Hier wohnt das Glück

62

Da Sonja e Paola im Navigli-Viertel

Liegt es an der unkomplizierten, ansteckend fröhlichen Art der beiden engagierten Besitzerinnen, Sonja und Paola? Oder an der gemütlichen, bunt zusammengewürfelten Einrichtung? Oder vielleicht an der dezent im Hintergrund ertönenden Jazz- und Swingmusik? Oder an den angebotenen regionalen Speisen, deren Duft und Geschmack etwas an Omas Lieblingsgerichte erinnern? Vermutlich gibt es viele Gründe, die diese Kneipe zu einem Ort machen, in dem das Glück zuhause ist. Das Lokal verkörpert die gelungene Mischung aus einfacher Gaststätte und nettem Café, wie es früher viele in Mailand gab. Jung und Alt treffen sich hier, sitzen glücklich zusammen und gönnen sich eine unterhaltsame Auszeit vom oft stressigen Alltag. Beim Mittagspublikum überwiegen Angestellte und Verkäufer aus den umliegenden Büros und Geschäften. Auch sie schätzen die ebenso leckere wie regionale Küche zu günstigen Preisen. Die kleine, aber feine Speisekarte offeriert einfache schmackhafte Spezialitäten, die anderswo längst in Vergessenheit geraten sind. Wie beispielsweise *pizzoccheri*, eine aus Buchweizen und Weizenmehl gefertigte Pastasorte aus der Lombardei, die mit Käse, Wirsing und Kartoffeln serviert wird, oder der kräftig gewürzte *cotechino*, eine herzhafte Wurstspezialität, die traditionell mit Linsen gereicht wird und deren Geschichte bis in das 16. Jahrhundert zurückreicht.

Wenn sich langsam der Abend über die Stadt legt, trifft man sich an der Bar oder im Gastraum in friedlicher und angenehmer Atmosphäre auf einen Aperitivo. Sobald es die Außentemperaturen zulassen, wird die Gaststube auf den breiten Bürgersteig verlegt. Bunte Lichtgirlanden sorgen dann für romantische Stimmung und unterstreichen das fröhliche Ambiente. Sind alle Plätze besetzt, werden einfach weitere Stühle aufgestellt. Das völlig Unkomplizierte, Lässige und Problemlose trägt sicherlich auch mit dazu bei, dass man sich hier wie im zweiten Wohnzimmer wohl und aufgehoben fühlt. Eben ein Ort, an dem das Glück wohnt – und zwar sehr gerne!

TIPP

Wer gutes indisches Essen liebt, ist im Ristorante Bharat (Via Emilio Gola 16) gut aufgehoben.

- Da Sonja e Paola, Via Odoardo Tabacchi 11, 20136 Mailand
- ÖPNV: Bus 59, Haltestelle Via Odoardo Tabacchi

LISTA DRINK
GIN TONIC
-BASE €6
-BOMBAY LONDON DRY €8
-BOMBAY SAPPHIRE €8
-GIN ITALIANO (A ROTAZIONE) €10
-HENDRICK'S €12
VODKA TONIC
-HERISTOFF €6

Gerollte Kunst

63 Bemalte Rollläden, u. a. im Navigli-Viertel

Traditionell betrachtet besitzt ein Rollladen mehrere Funktionen: Von außen an eine Tür montiert, schützt er beispielsweise das Haus- oder Wohnungsinnere vor Sonneneinstrahlung; darüber hinaus dient er als Schall- und Sichtschutz oder er hält Unbefugte vom Betreten leerstehender Räumlichkeiten ab. In südlichen Ländern bestehen Rollläden meist aus Holz. In Mailand erfüllt der Rollladen einen weiteren, bedeutenden Zweck: Er dient als eine Art leere Leinwand, auf dem sich Künstler mit ihren Werken verwirklichen können. Dabei beziehen sich die meisten Bemalungen auf all jenes, was sich hinter den Türläden versteckt: So wird mit manchem Kunstwerk an das frühere Geschäft erinnert, das sich hier befunden hat. Dieser Rollladen bleibt dann stets geschlossen und das Bild ist somit immer sichtbar.

Anders verhält es sich bei jenen Rollläden, die vor geöffneten Geschäften zu finden sind. Dem neugierigen Betrachter wird morgens vor dem Hochziehen des Ladens verraten, was er erwarten kann: Beispielsweise deuten gemalte Salami- und Käsestücke auf eine Salumeria hin, Weingläser und Espressotassen hingegen auf eine Bar. Damit werden die hübschen Kunstwerke gleichzeitig Reklametafeln für das jeweilige Geschäft und zu gern betrachteten Eye-Catchern. Gerade bei leerstehenden Immobilien erfüllen diese unterhaltsamen glücklich machenden Gemälde noch eine weitere Funktion: Oftmals verhindern sie unkontrolliertes Beschmieren der Häuserfronten. Besonders schöne Pop-Art an Türläden findet man u. a. in der Via Paolo Sarpi und ihren Nebengassen im quirligen Chinatown. Oder im Navigli-Viertel entlang der Kanäle und in den abzweigenden Sträßchen. Es macht richtig Spaß und ist sehr unterhaltsam, anhand der gezeigten „Indizien" zu erraten, um welches Geschäft es sich wohl handeln könnte, vor allem, wenn man mit Kindern unterwegs ist – eine spannende Entdeckertour. Und wer alles (oder fast alles) errät, bekommt als Belohnung ein Eis spendiert, nicht gemalt, sondern in echt.

TIPP

Wer ansprechende Motive fotografiert, kann sich zuhause von dem Foto ein schönes Plakat anfertigen lassen.

● Bemalte Rollläden, z. B. in Chinatown und im Navigli-Viertel

Verweile doch

64 Caffè Carducci im Centro Storico

Plätze vor Gotteshäusern sind immer etwas besonders! Es sind Orte mit ganz außergewöhnlicher Atmosphäre und gesegnet von energetischen Kräften der angrenzenden Kirchen. Vermutlich sind solche Kraftplätze deshalb auch gern genutzte Treffpunkte für all jene, die – bewusst oder unbewusst – Energie auftanken möchten. Probate Beispiele solch starker Orte sind u. a. der Petersplatz in Rom, der Wiener Karlsplatz vor der Karlskirche oder der Pariser Place Jean-Paul-II vor der Cathédrale Notre-Dame. Aber diese fast schon magische Wirkung ist nicht von der Größe des Platzes abhängig, wie man auf der Piazza Sant'Ambrogio spüren kann.

Der zauberhafte kleine Platz vor der herrlichen Basilica Sant'Ambrogio verströmt eben genau diese gemütliche, charmante Verweilatmosphäre – idealer Ort, um hier ein Café zu etablieren. Der Blick ruht auf dem Gotteshaus, der Lärm der Hauptstraße ist weit weg. Also, bitte auf den chilligen bequemen Loungesesseln unter den weißen schattenspendenden Sonnenschirmen Platz nehmen und glücklich genießen! Hier tummeln sich tagsüber Hochschüler der nahen katholischen Universität zum Fachsimpeln, Arbeiten mit ihrem Laptop (kostenloses WLAN!) oder Zeitunglesen. Dabei genießt man leckere Burger und andere Snacks zu studentenfreundlichen Preisen. Abends dient der malerisch gelegene Außenbereich als Topadresse für Outdoor-Cocktails, für die das Café bekannt ist. Wenn dann mit einbrechender Dunkelheit die Basilika festlich beleuchtet wird, in den Wohnungen der umgebenden historischen Gebäude die Lichter angehen und die Kerzen auf den Cafétischen verheißungsvoll flackern, präsentiert sich der Platz von seiner romantischen Seite. Einfach nur in dieser Herrlichkeit bequem sitzen, den Tag Revue passieren lassen und ein kühles Getränk genießen – was gibt es an einem lauen Sommerabend Schöneres? Spätestens jetzt wird man von der Magie der Piazza verzaubert und will gar nicht mehr zurück ins Hotel oder in die Ferienwohnung! Aber keine Bange, morgen ist ja auch noch ein Tag …

TIPP

Die Colonna del Diavolo (Teufelssäule) stammt vom römischen Kaiserpalast (Ende 3. Jahrhundert) in Mailand.

● Caffè Carducci, Via San Vittore 2, 20123 Mailand, Tel. +39 (2) 8 90 04 40
www.caffecarduccimilano.it
● ÖPNV: Metro M2, Haltestelle S. Ambrogio

MESSINA

Beschützerin der Stadt

65 Figur Madonnina auf dem Dom am Domplatz

Die Milanesi haben großes Glück, denn sie verfügen über ihren ganz persönlichen Schutzengel, die zauberhafte Statue der Jungfrau Maria, der sogenannten Madonnina (kleine Madonna). Sie wacht seit 1774 über Mailand, avancierte schnell zum geliebten Symbol der Stadt und schmückt in 108,5 Meter Höhe den Gran Guglia (großen Turm) des mächtigen Doms. Obwohl die Heilige vom Boden aus betrachtet ziemlich klein wirkt, weist sie eine stolze Länge von 4,16 Metern auf. Fallen Sonnenstrahlen auf die Statue, glänzt sie würdevoll und fast schon himmlisch in purem Gold, denn sie wurde mit 6750 Blechen des Edelmetalls komplett bedeckt. Großes Glück stand ihr während der zerstörerischen Kraft des Zweiten Weltkriegs bei, denn man deckte sie mit grauem Tuch ab, wodurch der herrliche Glanz verschwand und sie kein Ziel mehr für Bombenangriffe bot.

TIPP
Nachts präsentiert sich der Dom mit Madonnina am eindrucksvollsten, wenn die Lichter ringsherum leuchten.

Die inniglich geliebte Schutzheilige einer so großen Metropole wie Mailand genießt natürlich auch Privilegien. So wurde in den 1930er-Jahren ein Gesetz erlassen, wonach kein Gebäude höher sein darf als die besagten 108,5 Meter. Keiner sollte der „Madunina" (Mailänder Dialekt) auf den Kopf steigen dürfen. Neu entstandene Wolkenkratzer wie das Pirelli-Hochhaus – der „Pirellone" – oder der Palazzo Lombardia mit seinen 43 Stockwerken behalfen sich mit einem kleinen Trick: Sie platzierten eine Kopie der Heiligen auf ihren Gebäuden, da es wahrhaft töricht wäre, die geliebte Madonnina zu beleidigen und es sich am Ende gar mit ihr zu verscherzen. Welch hohen Stellenwert die Verehrung der Heiligen in der Stadt einnimmt, erkennt man auch daran, dass eines der traditionsreichsten, beliebtesten Mailänder Lieder, das 1934 komponierte „Oh mia bela Madunina" (Oh, meine schöne, kleine Madonna) bis heute inoffizielle Stadthymne ist. Beim Blick auf die goldene Statue kann man die Hingabe der Milanesi zu ihrer Glücksbringerin und ihrem Schutzengel nachvollziehen: Wer in luftiger Höhe so anmutig, leicht und gleichzeitig wunderschön über allem Irdischen schwebt, muss einen guten Draht zum Himmel haben.

- Figur Madoninna, Duomo di Milano, Piazza del Duomo, 20122 Mailand
  www.duomomilano.it
- ÖPNV: Metro M1, M3, Haltestelle Piazza del Duomo

Milano da bere

66 Aperitivo

Eigentlich sind die Milanesi zu beneiden! Denn legt sich langsam die Dämmerung über die Stadt, beginnt in der Metropole die glücklichste Zeit des Tages, ein fest in den Alltag integriertes Ritual: die Zeit des Aperitivo (lateinisch: aprire = öffnen). Unter dem Begriff versteht man das gesellige Beisammensein mit Freunden oder Arbeitskollegen in Kneipen oder Bars. Traditionellerweise finden diese Treffen zu festen Zeiten – zwischen ca. 19 Uhr bis ca. 22 Uhr statt. In diesem Zeitraum bieten zahlreiche Lokale unterschiedlichste Cocktails zu relativ günstigen Preisen an, klassisch serviert mit gesalzenen Erdnüssen, Oliven und Chips. Seit den 1990er-Jahren hat sich parallel hierzu der *aperitivo alla milanese,* auch *apericena* (Zusammensetzung aus *aperitivo* und *cena,* Abendessen) genannt, entwickelt. Hierfür zahlt man einen bestimmten Geldbetrag für das erste Getränk und darf anschließend gratis, so viel man möchte, von einem buntgemischten Buffet konsumieren. Viele nutzen dies als probate Gelegenheit für ein günstiges Abendessen. Aperitivo-Klassiker sind u. a. der bittersüß schmeckende Negroni (Campari, Gin und roter Wermut), der Americano – ein Klassiker der nostalgischen Barkultur –, der in Mailand erfundene Campari mit Soda, der Hugo, ein spritziges Getränk aus Holunderblütensirup und Prosecco, Soda und Limette, oder der Aperol Sprizz, der bereits nach dem ersten Schluck mediterranes Glücksgefühl erzeugt.

TIPP

Camparino in Galleria (Piazza del Duomo 21) heißt die legendäre Bar, die seit 1867 u. a. Campari kredenzt.

Der Aperitivo bildet gleichzeitig auch ein unverzichtbares Kommunikationsmittel zwischen den Menschen, denn das beliebte Entspannungsritual nach getaner Arbeit fördert und verstärkt Freundschaften und schafft Gelegenheiten für neue Kontakte. Der Aperitivo ist manchmal auch ein wahrer Therapieersatz, da das genannte Ritual dazu verhilft, Sorgen und Probleme loszuwerden oder von anderen Menschen Hilfe zu bekommen. Wenn wir in geselliger Runde einen wundervollen Abend glückselig genießen, hat er vielleicht auch die Aufgabe, uns daran zu erinnern, welch schönes Leben wir glücklicherweise führen dürfen.

● Aperitivo gibt es in vielen Bars u. a. in der Altstadt, z. B. im Yguana Cafè, Via Papa Gregorio XIV 16, 20123 Mailand

Mal die Perspektive wechseln

67 Bootsfahrt auf den Kanälen

Obwohl nicht am Wasser gelegen, hat Mailand eine enge Beziehung dazu, was mit der Stadthistorie zusammenhängt: Im Jahr 1152 wurde der erste Kanal der Stadt, der Canale Ticinello, erbaut. Insgesamt betrug die Länge des Kanalnetzes 90 Kilometer und es hatte 25 Schleusen. Leonardo da Vinci entwickelte die erste Kammerschleuse und perfektionierte dadurch das System. Die florierende Kanalschifffahrt verhalf Mailand zu wirtschaftlichem Aufschwung. Erst Anfang des 19. Jahrhunderts verlor das Transportmittel seine Bedeutung gegen die aufkommende Konkurrenz der Eisenbahn.

Heute laden die Ufer der Wasserstraßen mit zahlreichen Bars, Cafés und Restaurants ein. Besonders spannend ist es, das Navigli-Viertel von einem der Ausflugsboote aus zu entdecken, die über die Kanäle schippern. Und weil es ab und an lohnt, die Perspektive zu wechseln, bietet ein solcher Ausflug die Gelegenheit, das authentische Mailand zu entdecken. Vorbei ziehen die historischen Arbeiterwohnhäuser und bald schon erblickt man die zauberhafte Chiesa di San Cristoforo sul Naviglio (13. Jahrhundert), die abseits der Touristenströme liegt und auf dem Landweg nur schwer zu finden ist. Ruderboote des 1891 gegründeten und heute am Naviglio Grande ansässigen Sportvereines Canottieri Milano liefern sich kein ernst gemeintes Rennen mit den Ausflugsbooten. Beim Anblick der Vicolo dei lavandai (Wäschergasse), wo einst mühsamst Wäsche im Kanal gewaschen wurde, ist man glücklich, in der heutigen Zeit zu leben. Nach einem Abstecher in die Darsena, dem einstigen Hafenbecken, gleitet das Elektroboot den Naviglio Pavese entlang, und man blickt auf die kleine Ansiedlung Formaggiaia, der Geburtswiege des Mascarpones. Nach rund einer Stunde hat man wieder festen Boden unter den Füßen. Glücklich und zufrieden geht es von Bord. In einem der nahegelegenen Cafés kann man die beeindruckenden, glücklich machenden Erlebnisse noch einmal Revue passieren lassen. Jetzt lässt sich die enge Verbindung der Milanesi zum Wasser etwas besser nachvollziehen.

TIPP

Für die Bootsausflüge gibt es verschiedene Anbieter, die alle Vorabbuchung via Internet anbieten.

● Bootsfahrt auf den Kanälen, Buchungen u. a. über www.getyourguide.de

Für eine perfekte Pause

68

Gastronomia e Salumeria Civelli

Der weltberühmte Duomo Santa Maria Nascente gehört zu den absoluten Sightseeing-Klassikern beinahe jedes Mailandbesuches. Bei einer Grundfläche von rund 12.000 Quadratmetern (die begehbare Dachfläche noch nicht mitgerechnet) nimmt die Besichtigung des fünfschiffigen Gotteshauses selbsterklärend viel Zeit in Anspruch und kann auch anstrengend sein. Zufall oder nicht, dass sich beinahe in Steinwurfnähe ein kleiner, 1961 gegründeter Feinkostladen mit Gastronomie etabliert hat: In der Gastronomia e Salumeria Civelli kann man durch die großzügige Fensterfront der feuerroten Berkel-Aufschnittmaschine bei der Arbeit zusehen. Präzise zaubert sie aus einem zunächst riesigen, unförmigen Schinkenstück allmählich hauchdünne Scheiben, die anschließend auf Tellern drapiert werden und bereits durch ihren Anblick glücklich machen.

Beeindruckend ist die fantasievolle Auswahl an unterschiedlichsten kalten und warmen lukullischen Spezialitäten, die man übrigens auch an den wenigen Tischen im oder vor dem Geschäft genießen kann. Wer unschlüssig ist, lässt sich vom kompetenten, freundlichen Fachpersonal beraten – kostenloses Probieren inklusive. Der wundervolle Duft im kleinen Verkaufsraum verführt und macht noch mehr Appetit auf all die Köstlichkeiten, die – perfekt in Szene gesetzt – hinter der Glasscheibe auf ihren Einsatz warten. Piadine (Wraps) und Sandwiches werden direkt an der Theke stets frisch zubereitet. Die Gastronomia e Salumeria Civelli ist eine insgesamt perfekte Location für die erholsame Pause zwischendurch, ein Platz voll eindrücklicher Genüsse und ein Ort, den man zufrieden, satt und ausgesprochen glücklich verlässt. Frisch gestärkt kann es nun mit dem Spaziergang durch Mailand weitergehen; vielleicht zur sehenswerten Basilica di Sant'Eufemia direkt gegenüber oder einem kurzen Verdauungsspaziergang zum malerischen Hafenbecken Darsena?

TIPP

Der beeindruckende Palazzo Recalcati (Via Amedei 8, 16. Jahrhundert) hat einen zauberhaften Innenhof.

- Gastronomia e Salumeria Civelli, Corso Italia 16, 20122 Mailand, Tel. +39 (2) 8 05 64 87, www.gastronomiacivelli.it
- ÖPNV: Metro M1, M2, M3, Haltestelle Duomo

Civelli
Gastronomia
Salumeria
Panini Gourmet
Civelli
Pane Francesino con:
Porchetta alla Romana di Ariccia
Senape di Digione
Salsa Tonnata freschissima
Mayonese freschissima
Insalatina Novella
Verdure Grigliate
€ 6,60
GASTRONOMIA CON CUCINA
dal 1961
Civelli
dal 1961

Ideal zum Träumen

69 Palazzo delle Stelline am Corso Magenta

Gegenüber der Dominikanerkirche Santa Maria delle Grazie, berühmt durch das von Leonardo da Vinci stammende Werk „Das letzte Abendmahl", präsentiert sich der ehemalige Klosterkomplex Santa Maria della Stella. Das Gebäude der Benediktinerinnen wurde ab dem 16. Jahrhundert für viele Mädchen zum wichtigen Glücksort, denn hier entstand eine öffentliche Einrichtung für weibliche Waisen, *stelline* (Sternchen) genannt. Hier lebten die Mädchen geborgen und konnten die hauseigene Schule besuchen. Als Anfang der 1970er-Jahren die Stadt das Gebäude erwarb und das Waisenhaus seine Pforten schloss, wurde der Palazzo erneut zum Glücksort. Aber damit es so weit kommen konnte, musste erst einmal kräftig saniert werden. Die Verantwortlichen waren sich einig über die bedingungslose Erhaltung der ursprünglichen Struktur und der äußerst bedacht durchzuführenden Sanierung. Dieser Weitsicht ist es zu verdanken, dass man glücklicherweise heute die typischen Merkmale des ehemaligen Klosters genießen kann. Wie beispielsweise den wundervollen Boden am Eingang – ein farb- und musterintensives schwungvolles Werk des Künstlers Bobo Piccoli.

Ein weiteres Highlight ist der zauberhafte Innenhof, in dessen Mitte eine alte Magnolie die Besucher begrüßt. Giardino Carlo Tognoli heißt der kleine Zaubergarten und ist dem überzeugten Sozialisten gewidmet, der von 1976 bis 1986 als geschätzter Bürgermeister seiner Stadt treu diente. Eingerahmt von der beeindruckenden Gleichmäßigkeit der historischen Klostermauern mit den exakt angeordneten Fenstern strahlt die kleine grüne Oase völlige Ruhe aus. Sie ist ein Ort des Friedens, der Gelassenheit und ein perfektes Plätzchen, um sich vom hektischen Alltag zu erholen, zu meditieren oder um neue Energie zu tanken. Ein erlebenswerter Kraftort, beschützt von der alten, weisen Magnolie, die schon viel erlebt hat und wahrlich zahlreiche Geschichten erzählen könnte. Doch zum Glück schweigt sie diskret und überlässt es dem Einzelnen, seinen eigenen Gedanken und Vorstellungen nachzuspüren und dabei glücklich zu genießen!

TIPP

Die Fondazione Stelline lädt hier mit kulturellen Veranstaltungen, Café und Buchhandlung ein.

- Palazzo delle Stelline mit Giradino Carlo Tognoli, Corso Magenta 61, 20123 Mailand
- ÖPNV: Metro M1, M2, Haltestelle Cadora

Für jeden etwas dabei

70 Villa Reale nordöstlich der Altstadt

Kommt man aus Mailands ältestem Stadtpark, den Giardini pubblici Indro Montanelli, fällt der Blick auf ein prächtiges Gebäude, dessen Bezeichnung „Villa“ fast schon nach schmeichelndem Understatement klingt. Hier ging das Who's who der Geschichte ein und aus, wie Napoleon, Eugenio di Beauharnais (Vizekönig von Italien) und Marschall Radetzky, der hier verstarb. Die Villa Belgiojoso Bonaparte, kurz Villa Reale, ist einer der schönsten neoklassizistischen Paläste Mailands. Graf von Belgiojoso (1728–1801), österreichischer Diplomat und Feldmarschall, ließ die luxuriöse Vorstadtresidenz zwischen 1790 und 1796 errichten. Riesige Statuen, majestätische Säulen und große Bögen verleihen ihrer Fassade etwas sehr Herrschaftliches.

Die historische Villa verfügt über die Fähigkeit, viele unterschiedliche Besucher gleichzeitig glücklich machen zu können: Fans gelungener Architektur erfreuen sich an dem pompösen, historischen Gebäude und lassen sich Zeit beim genussvollen Betrachten, denn es gibt viele Details zu entdecken! Kunstliebhaber wiederum beglückt ein Besuch der Galerie für moderne Kunst (GAM), eine der wichtigsten Sammlungen aus dem 19. und beginnenden 20. Jahrhundert. Bereits die prächtigen Räumlichkeiten, u. a. mit goldener Kassettendecke und kostbaren Fresken, sind einen Besuch wert. Der herrliche, im englischen Stil angelegte rund 20.000 Quadratmeter große Park hinter der Villa mit seinen zahllosen Verstecken ist ein wahrer Glücksort für Kinder. Das ganz Besondere hieran ist: Erwachsenen wird der Eintritt ausschließlich in Begleitung von Kindern gewährt und nicht umgekehrt wie normalerweise üblich. Spannend ist der informative Baumlehrpfad, unterhaltend der Kinderspielplatz und für junge Entdecker die geheimnisvollen Höhlen, die kleinen Brücken sowie der Teich mit seinem flauschigen Entennachwuchs. Mögen sie noch so unterschiedlich sein, alle Glücksfinder treffen sich im Anschluss an ihre Entdeckungstouren an einem der Kioske zu einer kühlen Erfrischung – wunderbar!

TIPP

Die Einkaufsstraße Corso Buenos Aires lädt mit ihren vielen Geschäften zum Shoppen und Flanieren ein.

- Villa Reale mit Galleria d'Arte Moderna Milano, Via Palestro 16, 20121 Mailand, Tel. +39 (2) 88 44 59 47, www.gam-milano.com
- ÖPNV: Tram 1, 2, Haltestelle Cavour; Bus 94, 61, Haltestelle Via Senato

Galleria d'Arte Moderna

Minimalistische Extravaganz

71

Armani Silos im Tortona Viertel

Dass Mailand es bestens versteht, sich immer wieder neu in Szene zu setzen, kann man auch im Tortona-Viertel erleben. Aus dem einstigen trostlosen Arbeiter- und Industrieviertel entwickelte sich mit Beginn der 1980er-Jahre ein Kreativviertel für Design, Kultur und Mode. Junge aufstrebende Designtalente lassen sich von der hier vorherrschenden schöpferischen Kraft anstecken. Für coole Werbeagenturen ist es beinahe schon zur Imagefrage geworden, hier eine Firmenadresse vorweisen zu können. Kein Wunder also, dass der berühmte Modeschöpfer Giorgio Armani, einer der erfolgreichsten und populärsten Modedesigner der Welt, in diesem Viertel ein passendes Gebäude für sein Museum entdeckte. Der Stararchitekt Tadao Ando kleidete den in den 1950er-Jahren erbauten Getreidespeicher 2015 in ein neues extravagantes, minimalistisches Outfit. Auf rund 4500 Quadratmetern, verteilt auf vier Stockwerken, feiert Armani mit rund 400 von ihm entworfenen Kleidungsstücken und etwa 200 seiner kreierten Accessoires seine über 40-jährige Karriere. Die zum Teil exzentrisch dekorierte und raffiniert inszenierte, fantastische Sammlung der Meisterstücke macht sprachlos und ist ein Glücksort par excellence, nicht nur für Modebegeisterte. Man spürt sofort die beeindruckende, kreative Energie des großen Meisters, der u. a. Hollywoodgrößen einkleidete; so entwarf er beispielsweise den Anzug für Richard Gere im Film „American Gigolo", ebenfalls ein Ausstellungsstück.

TIPP

Das schöne Museumscafé im obersten Stockwerk ist u. a. berühmt für seinen exzellenten Cappuccino.

Die gezeigte glamouröse Modewelt verzaubert mit einzigartigen Modekreationen. Modeaffine gehen ehrfurchtsvoll und staunend durch die „heiligen Ausstellungshallen". Es macht glücklich, um jedes gezeigte Modell herumgehen zu können, um die atemberaubende Arbeit näher zu bestaunen – was für eine schöne Idee. Das Museum ist ein Ort von außergewöhnlicher Architektur und außergewöhnlichen Exponaten. Eine gelungene Hommage an einen großartigen Künstler, der es mit seinen kreativen eigenwilligen Designs immer wieder versteht, glücklich zu machen!

● Armani Silos, Via Bergognone 40, 20144 Mailand, www.armanisilos.com
● ÖPNV: Metro M2, Haltestelle Porta Genova

ARMANI / SILOS

Der süße Holländer

72 Van Bol & Feste nahe Castello Sforza

Was passiert, wenn ein Holländer in Neapel eine Konditorei eröffnet? Es entsteht ein wunderbarer Ort, der viele Menschen glücklich macht! Das 1890 ursprünglich in Neapel gegründete Van Bol & Feste residiert standesgemäß in einem überaus prächtigen Jugendstilgebäude. Betörender Duft empfängt die Gäste, eine Mischung aus frischem Gebäck, Vanille, gebrannten Mandeln und natürlich frisch gemahlenem Kaffee. Wen wundert's? Denn schließlich wird hier noch selbst gebacken. Auch die rund 15 verschiedenen Gelati-Sorten (unbedingt das Minzeis probieren!) stammen konsequent aus eigener Produktion. Hinter dem blitzeblank geputzten Glas der Kuchenvitrine sind süße Klassiker der italienischen Pasticceria sorgfältig aufgereiht. Derart ansprechend präsentiert verfehlen sie nicht ihren eigentlichen Zweck: Lust auf süße Verführungen zu machen. Natürlich darf auch Neapels berühmteste Süßspeise nicht fehlen: *sfogliatelle*, eine gefüllte Gebäckspezialität aus Blätterteig. Dazu vielleicht ein köstlicher *affogato* (Espresso mit Vanilleeis) oder eine leckere *cioccolata calda* (heiße Schokolade), die in Mailand dick und kräftig-süß zubereitet wird. Für ein leichtes Mittagessen bieten sich u. a. die Focacce, Pizzen und Schinken-Club-Sandwiches an. Zu erwähnen sind auch die typisch holländischen Pommes Frites mit ihrer speziellen Form – eine Hommage an den Kaffeehausgründer.

TIPP

Das Teatro Dal Verme mit schönem Ambiente und bester Akustik erfreut mit unterschiedlichen Aufführungen.

Pures Mailänder Lebensgefühl wird bereits im Eingangsbereich spürbar. Viele kommen auf die Schnelle für einen *caffè* an die Bar. Weil man sich gut kennt, genügt hier ein kurzer Austausch wichtigster Neuigkeiten, danach geht's gleich weiter. Für das kleine Mittagessen *(pranzo)* bleibt gottlob etwas mehr Zeit. Nachmittags, wenn die älteren, perfekt gestylten Damen sich zu ihrem täglichen Kaffeeplausch treffen, scheint Zeit keine Rolle zu spielen. Gut so, denn schließlich hat man sich seit gestern viel zu erzählen. Dieses Café ist eben ein wundervoller Ort, der alle glücklich macht.

● Van Bol & Feste, Foro Buonaparte 71, 20121 Mailand, Tel. +39 (2) 89 09 31 82
www.vanbolandfeste.it
● ÖPNV: Metro M1, Haltestelle Cairoli

Versteckte Oase des Glücks

73

Orissa Mobili Coloniali im Viertel Tortona

In Mailand gibt es noch schöne historische Hinterhöfe, die ausgesprochen charmantes Flair versprühen. Stadtflaneure haben es in diesem Punkt schwer, denn leider sind die meisten dieser verborgenen Kleinode nicht für die Öffentlichkeit zugänglich, sondern dienen den jeweiligen Hausbewohnern als gern genutzter Treffpunkt. Und natürlich respektiert man die Privatsphäre fremder Leute!
Einige der dagegen öffentlich zugänglichen Innenhöfe findet man im heutigen Trendviertel, der Zona Tortona, hinter der Porta Genova und dem gleichnamigen Bahnhof. Aus den ehemals dunklen und engen Hinterhöfen entwickelten sich grüne, erholsame Oasen, die schon bei ihrem Anblick glücklich machen wie das kleine, blühende Paradies in der Via Tortona 36. Wer dieses zauberhafte, für jeden zugängliche Fleckchen Erde betritt, schlägt gleich zwei Fliegen mit einer Klappe: Zum einen lässt sich ausgiebig ein Ende des 19. Jahrhunderts entstandener Hinterhof bestaunen, zum anderen befindet sich in dem Innenhof das Orissa, ein Geschäft, das wirkt, als sei es nur für diesen Ort geschaffen worden. Dieses kunterbunte Sammelsurium unterschiedlichster Möbelraritäten lädt seit über 25 Jahren zu einer virtuellen, globalen Reise durch verschiedenste Zeitepochen ein. Ethnomöbel stehen beispielsweise friedlich vereint neben Einrichtungsstücken im Kolonialstil, und Shabby Chic bildet einen spannenden Kontrast zu den Industrialmöbeln mit ihrer klaren, schlichten Formgebung. Rustikale Vollholzmöbel konkurrieren weiterhin mit dem verspielten, provenzalischen Stil. Übrigens: Wer ein ausgefallenes Erinnerungsstück an seinen Mailand-Aufenthalt sucht, wird hier garantiert fündig. Wie wäre es mit einem kleinen Glück bringenden Buddha? Oder doch lieber die bunte Glaslampe aus Indien? Wobei die Holzfiguren aus Bali auch in das eigene Zuhause passen würden! Schließlich wird es dann doch die Porzellanvase mit den chinesischen Schriftzeichen für Glück. Denn vom Glück kann man nie genug haben.

TIPP

God Save the Food heißt das stylisch eingerichtete Ristorante (Via Tortona 34) mit internationaler Küche.

- Orissa Mobili Coloniali, Via Tortona 36, 20144 Mailand, Tel. +39 (2) 89 40 22 45
www.orissa.it
- ÖPNV: Metro M2, Haltestelle Porta Genova Station

ORISSA
36
ORISSA

Burg mit Superlativen

74

Castello Sforzesco im Nordwesten der Stadt

Das Castello (Schloss) Sforzesco zählt zu einer der imposantesten Sehenswürdigkeit der Stadt. Neben seinen unzähligen Zinnen, Türmen, Innenhöfen und Statuen imponiert das Bauwerk zudem mit seinem quadratischen Grundriss. Die ursprüngliche Version der Burganlage wurde zwischen 1358 und 1368 von der Herrscherfamilie Visconti errichtet. Aber nicht etwa, um die Stadt vor Feinden zu schützen, sondern zum Schutz vor den eigenen Untertanen, die wiederholt gegen die Machenschaften und Intrigen des mächtigen Clans rebellierten. Ihr heutiges Aussehen erhielt die Burg unter Francesco Sforza (1401–1466), Spross einer reichen, mächtigen Mailänder Fürstenfamilie.

Für den Besuch der gesamten Anlage mit ihren Wehrmauern und den vier Ecktürmen sollte man reichlich Zeit einplanen. Bereits die Besichtigung von außen ist wegen der zahllosen Details zeitintensiv. Hat man in dem großzügig angelegten Innenhof Platz genommen und lässt das mächtige Gebäude in aller Ruhe auf sich wirken, kann man sich gut vorstellen, wie die reichen Adelsfamilien hier gelebt haben mussten. Im Unterschied zur Gegenwart jedoch hatten die Herzöge und Fürsten der damaligen Zeit nicht das große Glück, eines der sehenswerten Museen in der Burganlage besuchen zu können. Man könnte viele Tage zwischen all der ausgestellten Kunst verbringen, weshalb die Tourist Museum Card auch für drei Tage gilt. Zu entdecken gibt es u. a. weltweit einzigartige Raritäten, z. B. den „Codex Trivulzianus“, das Notizbuch Leonardo da Vincis, oder die unvollendete Marmorstatue „Pietà Rondanini“ (1564), das letzte Werk Michelangelos, kaum zu überbieten in seiner atemberaubenden Schönheit. Vielleicht nur durch das absolut zauberhafte und beeindruckende Deckenfresko (Maulbeerbäume mit Ästen, die untereinander verbunden sind) in der Sala delle Asse von da Vinci – ein Anblick, der einfach nur glücklich macht. Denn: „Es gibt keine Schönheit ohne Glück“ (Christian Dior).

TIPP

Jeden ersten Sonntag im Monat können die Museen gratis besucht werden.

- Castello Sforzesco, Piazza Castello, 20121 Mailand, www.milanocastello.it
- ÖPNV: Metro M1, Haltestelle Cadorna; Metro M2, Haltestelle Lanza

Märkte machen glücklich

75 Märkte der Stadt

Märkte sind in Mailand wichtige Bestandteile urbanen Lebens und für die Milanesi wahre Glücksorte. Daher gehört der regelmäßige Besuch quasi zum Pflichtprogramm. Man trifft sich dort unverbindlich, plaudert mit der Nachbarschaft aus dem Viertel und erfährt Neuigkeiten. In puncto Markthändler ist man sehr treu. Hat man einmal den Obst- und Gemüseverkäufer seines Vertrauens gefunden, bleibt man diesem persönlichen Glücksort für immer treu und genießt dadurch die Vorteile einer solch langjährigen „Ehe“: Der Standbetreiber kennt die Vorlieben und Wünsche seiner Stammkunden, berät gerne bei der individuellen Auswahl und gibt hilfreiche Tipps zur schmackhaften Zubereitung.

Es gibt in der ganzen Stadt sicherlich keine bessere Gelegenheit, um pures, authentisches Mailänder Leben zu genießen, als über einen der zahlreichen Märkte zu bummeln. Neben den üblichen Umschlagplätzen für meist regionale Lebensmittel finden Schnäppchenjäger auch Einkaufsmöglichkeiten für Schuhe und Bekleidung zu günstigen Preisen, beispielsweise den kleinen Mercato di Via San Marco in Brera und den Mercato di Via Fauche, die Fashionistas hochwertigerer, geschmackvoller Designerkleidung glücklich machen. Rosen, Tulpen, Nelken und viele weitere blühende Liebeserklärungen bietet der Mercato Floricolo, ein Blumengroßmarkt, der samstags am Vormittag auch für die Öffentlichkeit zugänglich ist. Gleich nebenan lockt ein weiteres Highlight: Einer der größten Fischgroßmärkte Europas. Die Fiera di Sinigaglia macht u. a. mit indischem und südamerikanischem Kunsthandwerk glücklich. Manche Milanesi besuchen den Mercato Settimanale Benedetto Marcello nur wegen der köstlichen Burrata und den speziellen Olivensorten. Aber natürlich bietet der Markt noch viel mehr! Genauso der Mercato Viale Papiniano, der mit seinen knapp 250 Ständen der größte Markt der Stadt ist. Besonders samstags herrscht hier reges Treiben. Obst, Gemüse, Lederartikel, Kleidung usw. – eine tolle, vielfältige Auswahl. Und da sage noch mal jemand, dass man Glück nicht kaufen kann.

TIPP

Die meisten Märkte haben bis 14 Uhr geöffnet, samstags bis 18 Uhr.

- Märkte der Stadt, z. B. Mercato Viale Papiniano, Viale Papiniano 44, 20123 Mailand
- ÖPNV: Metro M2, Haltestelle Sant'Augustino,

MORE
AL NATURALE
€4,00 l'etto
CARRUBE
CILENTO
3 etti €5,00

Primadonnen und Diven

76 Teatro alla Scala nahe dem Dom

Wer nach Besichtigung des prachtvollen Mailänder Doms durch die traumhaft schöne Galleria Vittorio Emanuele II spaziert, gelangt anschließend direkt zur Piazza della Scala und steht unmittelbar vor der nächsten Mailänder Top-Sehenswürdigkeit: dem Teatro alla Scala, kurz Scala. Der Berliner Flughafen könnte sich an der Mailänder Scala eine Scheibe abschneiden. Denn für die Errichtung des von außen schlicht gehaltenen Gebäudes wurden nur 23 Monate benötigt. Die als sehr baufreudig bekannte Fürstin Maria Theresia von Österreich (1717–1780), Herrscherin über die ehemals zu Österreich gehörende Lombardei, erteilte dem Architekten Giuseppe Piermarini hierfür den Auftrag. Um Platz für den geplanten und 1778 eingeweihten Neubau zu schaffen, fackelte die ehrgeizige Habsburgerin nicht lange und ließ kurzerhand die Kirche Santa Maria alla Scala abreißen, wovon letztlich nur der Name erhalten blieb.

TIPP

Links neben dem Haupteingang der Scala befindet sich das sehenswerte Museo Teatrale alla Scala.

Die Scala zählt zu den berühmtesten und bedeutendsten Opernhäusern weltweit. Dazu trugen und tragen u. a. international gefeierte Sängerinnen und Sänger wie Jonas Kaufmann oder Placido Domingo und Mitte der 1950er-Jahre die *primadonna assoluta*, die kapriziöse Maria Callas, bei. Die Oper hat sich auch durch hervorragende, außergewöhnliche Inszenierungen und unglaublich viele Uraufführungen (u. a. 1842 „Nabucco", 1893 „Falstaff", 1904 „Madame Butterfly", 1926 „Turandot") einen erstklassigen Ruf erworben. Darüber hinaus zu erwähnen ist der unvergleichlich schöne, prunkvolle Theaterraum mit seiner besonderen Atmosphäre. Bei der kostbaren Innenausstattung wurde wahrlich nicht an Gold gespart! Los geht die Theatersaison am 7. Dezember, dem Namenstag des Stadtpatrons Sant'Ambrogio. Tickets sind meist bereits Monate im Voraus ausverkauft, aber mit etwas Glück und stetem Probieren klappt es auch an der Abendkasse. Eine Opernaufführung in diesen „heiligen Hallen" zu erleben, ist pures Glück. Ein ganz besonders exklusives, absolut beeindruckendes Ereignis, das man sein ganzes Leben lang nie mehr vergessen wird – versprochen!

● Teatro alla Scala, Via Filodrammatici 2, Theaterkasse: Largo Ghiringhelli 1, 20121 Mailand, Tel. +39 (2) 72 00 37 44, www.teatroallascala.org
● ÖPNV: Metro M1, M2, Haltestelle Duomo

AREA
PEDONALE

Glückliches Zusammenleben

77 Casa di Ringhiera

Als im 19. Jahrhundert zunehmend mehr Menschen aus Süditalien arbeitssuchend nach Mailand strömten, löste das eine große Wohnungsnot aus. In dieser Zeit wurden die Case di Ringhiera (Balkonhäuser), eine Art Sozialwohnungen für Arbeiter, errichtet. Das Besondere hieran war, dass sich alle Wohnungen auf einer Etage ein und denselben Balkon teilten, der über die gesamte Gebäudelänge verlief und über eine Außentreppe zu erreichen war. Über diesen Etagenbalkon kam man dann zu den jeweiligen Wohnungstüren. Komfort war in diesen Gebäuden nicht zu finden. Die Gemeinschaftstoiletten befanden sich im Innenhof. Häufig war in den Wohnungen auch fließend Wasser Mangelware. In den meist Zweizimmerwohnungen mussten große Familien oft zusammengepfercht und ohne jegliche Privatsphäre leben, und zum Beheizen diente ein einfacher Holzofen. Trotz allem gab es aber auch Glücksmomente für die Familien, denn durch die gemeinsame Nutzung von Innenhof und Balkon lernte man sich schnell kennen und konnte sich so untereinander helfen. Es entstanden gut funktionierende Hausgemeinschaften, die für die armen Menschen dringend notwendig und ein wahrer Glücksfall waren. Die Kinder spielten im abgeschlossenen Innenhof, geschützt vor den Gefahren, die auf den Straßen lauerten. Der Zusammenhalt und das gegenseitige Vertrauen in den Balkonhäusern waren so immens, dass Haustüren nie abgeschlossen wurden.

Heute sind die Case di Ringhiera begehrte Immobilienobjekte, die in Ausstattung und Größe natürlich den heutigen Ansprüchen angepasst wurden. Aus den schmutzigen Innenhöfen wurden grüne Paradiese, in denen man sich abends mit der Nachbarschaft gerne auf einen Aperitivo trifft. Ungefähr 70.000 dieser für Mailand typischen Wohnungen gibt es noch. Einige schöne Beispiele findet man z. B. entlang der Via Tortona, um den Corso San Gottardo oder im Navigli-Viertel. Trotz aller Modernisierungen sind die Case di Ringhiera Glücksorte und Symbole für gelebte Geselligkeit und funktionierende Hausgemeinschaften geblieben.

TIPP

Schöne Ferienwohnungen in einer Casa di Ringhiera werden über die bekannten Buchungsportale angeboten.

● Casa di Ringhiera, z. B. im Navigli-Viertel, Via Giuseppe Meda, 20136 Mailand

Kosmopolitisch und innovativ

78 Spaziergang durch das Brera-Viertel

Das historische Viertel Brera (Fußgängerzone) ist ein äußerst charmanter, inspirierender Mailänder Stadtteil. Die kunterbunten und alten Häuser beherbergen zahlreiche Cafés, Eisdielen, Bars, Restaurants, Ateliers, Märkte, Straßenhändler und kleine Shops abseits des Mainstreams. Kurzum, ein fröhliches Miteinander, ein Quartier, in dem man viel Spaß haben kann und das zu einer gemütlichen Entdeckungstour einlädt. Das ehemalige Bohème-Viertel wurde einst von zahlreichen dort ansässigen Kunstschaffenden geprägt, und dieses nostalgische Flair spürt man noch immer. Hier trifft einzigartige, einladende Atmosphäre auf die unendliche Leichtigkeit des Seins. Das Resultat ist pure glücklich machende *dolce vita* – mit allen Sinnen zu genießen. Das Viertel mit seinem kosmopolitischen Geist bietet für jeden das Passende: Liebhaber alter Werke zieht magisch die imposante Pinacoteca di Brera (Via Brera 28) im herrschaftlichen Palazzo di Brera an. Leseratten werden in der 1925 gegründeten Libreria Antiquaria Mediolanum (Via del Carmine 1) glücklich, dem ältesten Antiquariat der Stadt mit über 20.000 Bänden. Eine weitere Rarität ist die 1881 gegründete Papeterie Pettinaroli (Via Brera 4), u. a. mit kostbaren Papieren und eigener Druckerei. Auch die ausgefallenen Schmuckunikate (Made in Milano) des Juweliers Misani (Via Cusani 9) sind wahre Glücksobjekte. Zu einem Bummel durch das einstige Künstlerviertel gehört natürlich auch der Besuch eines Ateliers, wie das des Malers Aniello Giovanni Saravo (Via Fiori Chiari 8). Der mit zahlreichen Preisen ausgezeichnete Künstler lebt und arbeitet seit 2014 im eigenen Atelier in Brera. Seine meist großflächigen, detailverliebten Werke erzählen oft von der Realität der Großstadt. Absolut sehenswert! Danach könnte man – glücklich und zufrieden mit dem heutigen Tag – im N'Ombra de Vin auf der Piazza San Marco vorbeischauen und den abwechslungsreichen und interessanten Spaziergang durch Brera bei einem Drink glücklich ausklingen lassen.

TIPP

Jeden dritten Sonntag im Monat lädt ein großer Flohmarkt in der Via Fiori Chiari zum Stöbern ein.

- Brera-Viertel, beginnt hinter der Scala, vom Domplatz durch die Galleria kommend, 20121 Mailand
- ÖPNV: Metro M3, Haltestelle Montenapoleone; Metro M2, Haltestelle Lanza

Romantischer geht's nicht

79

Ristorante Al Fresco im Tortona Viertel

Das Tortona-Viertel, einst Gebiet der Schwerindustrie mit riesigen Anlagen und einfachsten Arbeiterwohnungen, mauserte sich mit Ende der 1980er-Jahre zu einem Kreativzentrum. Nachdem Firmen aus dem Stadtteil abgewandert waren, verwaisten zahlreiche aus den 1920er-Jahren stammende Produktionshallen und wurden von findigen Köpfen als kreative Orte entdeckt. Heute gilt das Viertel als internationaler Treffpunkt für Design und Fashion. Es lohnt sich zu sehen und zu erleben, was aus den maroden Gebäuden geworden ist. Deshalb ist der genussvolle und spannende Bummel durch die schön gewordenen Straßen beinahe schon ein Muss. Man schlendert vorbei an angesagten Bars, Designhotels, exquisiten Geschäften, die nur hier zu finden sind, und natürlich an diversen Lokalen.

TIPP

Der 1935 erbaute Parco Don Luigi Giussani lädt u. a. mit Spielplätzen und botanischem Rundgang ein.

Eines dieser lukullischen Highlights, das sich in historischem Ambiente niedergelassen hat, ist das Ristorante Al Fresco. Es bietet mediterrane Speisen und eine Crossover-Küche an. Wer möchte, diniert im Speisesaal in echtem Gewölbe und mit großen Sprossenfenstern zwischen Perserteppichen, alten Chesterfield-Ledersesseln und großen Deckenlüstern. Abends, wenn unzählige Lichterketten verträumte Stimmungen erzeugen, fühlt man sich ein bisschen in eine andere Zeit versetzt, weit entfernt von der Gegenwart. Genauso romantisch wirkt der zauberhaft angelegte Garten, durch den der Duft blühenden Lavendels und Jasmins weht und der an lauen Sommerabenden zum gemütlichen Verweilen unter ausladenden Sonnenschirmen einlädt. Diese traumhaft schöne Kulisse bildet den perfekten Rahmen für intensive Glücksgefühle, die nur durch den Genuss der köstlich zubereiteten Speisen mit höchster, meist regionaler Qualität getoppt werden können! Wie die sizilianische *caponata* (Schmorgmüse) oder *tortelli alla milanese* (natürlich selbstgemacht), gefüllt mit *ossobuco.* Wer Überraschungen liebt, wählt den „Fang des Tages“ mit sautiertem Eskariol (Endiviensalat). Und wer völlig unschlüssig ist, lässt sich einfach vom Küchenchef kompetent beraten, damit das Glück perfekt ist!

- Ristorante Al Fresco, Via Savona 50, 20144 Mailand, Tel. +39 (2) 49 53 36 30
www.alfrescomilano.it
- ÖPNV: Metro M2, Haltestelle Sant'Augustino

fresco
INCONTRO CON CUCINA

Steinernes Herz der Stadt

80

Piazza del Duomo im Zentrum der historischen Altstadt

Mailand erfreut seine Gäste mit zahlreichen historischen Plätzen. Hierzu zählen u. a. die Piazza degli Affari im Westen der Stadt mit dem beeindruckenden Palazzo Mezzanotte, in dem heute die Börse residiert, oder die Piazza della Scala mit einem der berühmtesten Opernhäuser der Welt. Auch die Piazza dei Mercanti, im Mittelalter durch viele Händler belebt, wird von beeindruckenden Palazzi eingesäumt.
Aber der sicherlich bekannteste und prunkvollste Platz der Stadt ist die Piazza del Duomo mit ihrem beeindruckenden Gebäude: dem Dom. Während die goldene Madonnina in luftiger Höhe von der Domspitze aus alle Besucher begrüßt, wacht seit 1896 der erste König des vereinten Italiens, Vittorio Emanuele II (1820–1878) hoch zu Ross und in Bronze gegossen über das rege Treiben auf dem großzügig angelegten Platz. Überaus prächtige historische Gebäude fassen die Piazza malerisch ein und verleihen dem bedeutendsten Platz der Stadt auf diese Weise den ihm gebührenden würdevollen Rahmen: wie der Palazzo Reale (Nr. 12), heute wichtiger Ort für kulturelle Veranstaltungen, hochkarätige Ausstellungen und Sitz des sehenswerten Museo del Duomo. Oder der imposante Triumphbogen, der in die zauberhafte Galleria Vittorio Emanuele II führt, eine der elegantesten Einkaufspassagen des Landes. Für viele Reisende ist die Piazza meist der erster Anlaufpunkt mit dem Dom als Topsehenswürdigkeit. Einheimische macht der Ort als gern genutzter Treffpunkt für einen *caffè* oder den Einkaufsbummel glücklich. Abends, wenn die steinernen Schönheiten in romantisches Licht getaucht sind, herrscht hier eine einmalig schöne Stimmung, die glücklich macht. In diesem romantischen Ambiente kann man im Sommer Livekonzerte erleben und im Dezember den überaus beliebten Weihnachtsmarkt, mit seinen rund 60 Ständen der größte in Mailand. Erstrahlt dann während der Eröffnungszeremonie noch der traditionelle Weihnachtsbaum, ist das fraglos einer der schönsten Glücksmomente, den die abwechslungsreiche Piazza das ganze Jahr über offeriert.

TIPP

Die GB Bar (Via Hoepli 3) beeindruckt durch eine großartige Auswahl an Sandwiches zu vernünftigen Preisen.

- Piazza del Duomo, 20122 Mailand
- ÖPNV: Metro M1, M3, Haltestelle Piazza del Duomo

Bibliografische Informationen der Deutschen Nationalbibliothek
Die Deutsche Nationalbibliothek verzeichnet diese Publikation in der Deutschen Nationalbibliografie; detaillierte bibliografische Daten sind im Internet über http://dnb.d-nb.de abrufbar.

Konzeption/Satz: Droste Verlag, Düsseldorf
Einbandgestaltung und Illustrationen: Britta Rungwerth, Düsseldorf, unter Verwendung von Bildern von © Fotolia.com: jd – photodesign.de; © iStock: Plociennik Robert
Fotos: Heide Geiss, außer:
Nikolaus Krandiek: S. 34, S. 57, S. 95, S. 101, S. 131, S. 155; Stock.adobe.com: S. 39 (Silvia Crisman), S. 47 (FomaA), S. 61 (dbrnjhrj), S. 91 (uliab), S. 125 (andersphoto), S. 137 (GioRez), S. 157 (ClaudioArnese), S. 167 (Onigiri)

MIX
Papier aus verantwortungsvollen Quellen
FSC® C011279

Druck und Bindung: LUC GmbH, Greven
ISBN 978-3-7700-2412-4

www.droste-verlag.de